U0643413

前途光明

——嘉兴电力通史

国网浙江省电力有限公司嘉兴供电公司◎组编

中国电力出版社
CHINA ELECTRIC POWER PRESS

图书在版编目（CIP）数据

前途光明：嘉兴电力通史 / 国网浙江省电力有限公司嘉兴供电公司组编. —北京：中国电力出版社，2021.12
ISBN 978-7-5198-6304-3

Ⅰ. ①前⋯ Ⅱ. ①国⋯ Ⅲ. ①电力工业–工业史–嘉兴 Ⅳ. ①F426.61

中国版本图书馆 CIP 数据核字（2021）第 263537 号

出版发行：中国电力出版社
地　　址：北京市东城区北京站西街 19 号（邮政编码 100005）
网　　址：http://www.cepp.sgcc.com.cn
责任编辑：邓慧都
责任校对：王小鹏
装帧设计：张俊霞
责任印制：石　雷

印　　刷：北京九天鸿程印刷有限责任公司
版　　次：2021 年 12 月第一版
印　　次：2021 年 12 月北京第一次印刷
开　　本：710 毫米×1000 毫米　16 开本
印　　张：16
字　　数：203 千字
定　　价：126.00 元

版 权 专 有　侵 权 必 究

本书如有印装质量问题，我社营销中心负责退换

编　委　会

主　　任　　段　军　　应　鸿
副 主 任　　王培林
委　　员　　王　磊　　张志芳　　钟　怡　　陈亦平
　　　　　　赵琳娣　　陆　栋　　沈　朗　　武　威
　　　　　　朱　炯　　张　捷

编　写　组

主　　编　　王培林
编写人员　　吴　莹　　徐　钧　　廖文就　　陶　欢
　　　　　　王　强　　黄伟红　　王波一　　王新影
　　　　　　陈耀君　　徐　杰　　温　镇　　何　昱
　　　　　　吴　敏　　张海霞　　钱黎丽　　朱留明
　　　　　　冯晓真　　骆　炎　　金银凤　　朱　俊
　　　　　　雷　振　　黄　赟　　过　浩　　邹凌宇
　　　　　　周　前　　陈祝峰　　郑　琦　　谢文潇
　　　　　　马丽丽　　陈梁军　　吴　颖

序

回首嘉电来时路，电力档案话百年。今年是中国共产党百年华诞，从党史中我们汲取初心的力量，从百年电力史中我们也能够感悟追求光明的信念和担当。《前途光明——嘉兴电力通史》基于档案史料，讲述嘉兴有电以来的发展脉络，反映嘉兴电力在曲折中奋进、求索中发展的历史征程，是一部言简义丰、图文并茂的史册画卷。

自 1912 年永明电灯公司点亮嘉兴城区第一盏灯以来，嘉兴电力走过了一百多个春秋。回首档案中的足迹，我们看到，从无电到有电，从有电用到用好电，从"低压、直配"的弱小配电网发展为 500 千伏线路为主干的大规模电网，伴随着社会发展而一同砥砺向前的嘉兴电力，在光明前途之上未曾停歇。

嘉兴电力百年，走过的是一条筚路蓝缕、奋发求进的创业之路。第一代嘉兴电力人唱响血与火的战歌，顽强办电，并在晨曦微芒中，凭借"前途光明"的革命信念，为嘉兴保留了珍贵的光明火种。电运多舛，创业不易，早期办电实业家和电力产业工人务实、坚韧的精神，深深影响着后来人。

嘉兴电力百年，走过的是一条创新图变、敢为人先的变革之路。不管是变电站的智能化、数字化，还是新能源电力系统的蓬勃发展，嘉兴电力始终步伐勇迈，走在前列。在习近平同志高屋建瓴的"四个革命、一个合作"能源安全发展战略新思想指引下，嘉兴电力抓住历史千载难逢机遇，一举打造成为我国未来光伏发展重地。绿色新能源在嘉兴遍地开花，朝气蓬勃。

嘉兴电力百年，走过的是一条忠于祖国、服务人民的奉献之路。嘉兴有电之初，不仅为人民生活带来了光明，也为工业生产、经济发展带来澎湃的动力。改革开放后，紧跟时代步伐的嘉兴电力，以"人民电业为人民"为宗旨，尽职尽责做好"电力先行官"，建设成为华东地区电网重要的能源通道与核心枢纽。

嘉兴电力百年，走过的是一条不忘初心、牢记使命的光明之路。1921年，南湖烟雨楼畔的一艘红船见证了历史。跨越百年，以红船精神为代表的建党精神将在我们建设、改革的过程中不断得到弘扬。嘉兴电力将不忘初心、牢记使命，勇扛"红船精神 电力传承"大旗，探索出电力服务的新路径与新担当。

雄关漫道真如铁，而今迈步从头越。回首往事，是为把握当下；总结历史，是为创造未来。正如嘉兴电力的先行者们用青春热血创造了过去百年的嘉电辉煌，我们同样深知，唯有永不止步，方有光明前途。

谨以此书，致敬所有嘉兴电力的先行者们；

谨以此书，致敬嘉兴电力发展的百年时光；

谨以此书，献给中国共产党成立一百周年。

国网嘉兴供电公司总经理、党委副书记

国网嘉兴供电公司党委书记、副总经理

目录

序

第一章　嘉兴电力百年历程

第一节　办电惠民——嘉兴有电的开始

1908年，嘉兴地方士绅金沧伯等人创办了永明电灯公司，揭开了嘉兴电力工业的序幕。紧接着，嘉兴各县集镇也陆续有电灯公司出现，或照明或作为动力电源使用。嘉兴电力工业在抗日战争前逐步发展。

1. 永明电灯公司创立

1907年（清光绪三十三年），新落成的嘉兴火车站里，汽笛声长鸣，一列火车缓缓驶出。

嘉兴火车站启用

档案类型：照片档案　　保管期限：永久

档案说明

沪杭铁路是中国第一条从上海到杭州的铁路，于 1906 年（清光绪三十二年）动工，1909 年（清宣统元年）建成，全长 189 千米，共有车站 36 个，嘉兴火车站于 1907（清光绪三十三年）年启用。

车上坐着几位士绅模样的人物，他们是嘉兴本地乡绅金沧伯、陈米山、钱鼎甫和钱谨甫等人。此行他们的目的地是上海，相约赴沪参观考察新兴电力行业的情况。早在 1882 年，全中国首家电厂——上海电气公司在如今上海的南京东路江西路路口成立，沿着外滩到虹口招商局码头一带，立杆架线串连而起的 15 盏弧光电灯被点亮，引来观者如云，这也是中国有电的开始。

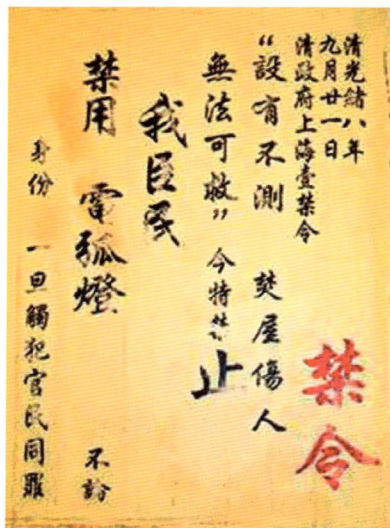

公元 1882 年（清光绪八年）11 月，刚刚上任不久的清政府上海道台邵友濂颁布了一则禁令，禁止上海地区官民使用"电弧灯"，原因是"设有不测，焚屋伤人，无法可救"，并照会英国领事馆停用。

中国第一盏路灯

档案类型：照片档案　　保管期限：永久

档案说明

　　1882 年中国第一盏电灯在上海十六铺码头亮起，配备一台 10 马力的内燃机发电机组，相当于一台手扶拖拉机。

　　嘉兴市毗邻上海，居于沪杭苏三角地带之中心，地理位置优越，河网纵横，交通便利，历来是通商水运的重要港口商埠。特有的嘉兴吴语，承载了吴越文化千年风气，混合着各路赶商的买卖吆喝，赋予嘉兴一派生机勃勃景象，这里自古名人辈出，百行兴盛，易得风气之先。从 19 世纪开始，华夏大地内忧外患，风云激变，正值五千年未有之剧变，中华儿女陷入存亡危局。1842 年（清道光二十二年）鸦片战争后，清政府与英签订《南京条约》，开上海、广州、福州、厦门、宁波为通商口岸，称为五口通商，是为外国人在中国租地通商之始。

真如塔装有防雷装置（清末时期，那时人们对电防雷有了一定的认识）

档案类型：照片档案　　保管期限：永久

档案说明

嘉兴真如塔始建于 1062 年（宋嘉祐七年），多次因战火而毁灭，又多次由嘉兴人募捐重建，它的兴衰见证了嘉兴的历史变迁。

自从"五口通商"以来，嘉兴地区陆续出现了海关、电报局、汽轮客运、近代中小学校、各式工厂企业以及教会办的医院等新生事物，更重要的是新思想、新文化得以在嘉兴一带深入传播，民智大开。开明乡绅往往是当地最早睁开双眼看世界的人，也是最早拥抱时代潮流的。金沧伯等人在上海的所见所闻，给他们心灵带来了震撼，尤其是见识到电灯"光既可亮，又省料理，洁净非常，启闭灵便，无火险之虞"，有着油灯、煤气灯等其他照明设备所无法比拟的效用，让本就酝酿创办电灯公司的嘉兴众乡绅，更加笃定了办电的想法。

永明电灯公司创始人金沧伯

档案类型：照片档案　　保管期限：永久

档案说明

金沧伯，嘉兴地方绅士，1908 年（光绪三十四年）创办了永明电灯公司，公司以"振兴实业，消弭火患"为创立宗旨，其出发点和立足点乃是"振兴实业"。"振兴实业"系脱胎于张謇之"实业救国"，而"实业救国"又起源于"洋务运动"。

1908 年，金沧伯等人在亲朋好友的帮助下，通过地方商会的宣传，向社会各界募集资本 5 万银元，分为 100 股，筹办嘉兴永明电灯公司。彼时的金沧伯等人，胸中并无"点亮嘉兴"的宏图远志，而是着眼于"振兴实业，消弭火患"。以此为宗旨，强调"办电"对百姓民生的实用价值，讨好公众舆论，争取尽可能的资源支持，并且成立了董事会，进行规范化管理，由金沧伯任董事长和经理。公司厂址没在嘉兴古城垣外，护城河边的西河街 94 号（今天的解放路上）。取址于此，乃细经思量。公司南邻春波桥和东门大洋桥相交（今勤俭路和解放路交叉口），西临古运河水系之秀水（今环城河东段），离嘉兴火车站近在咫尺，水陆交通相当便利。永明电灯公司的厂房是两幢比肩而立的单层斜屋顶建筑。两幢相连，各为三间平房。侧面竖立着一根高耸的烟囱，共占地 2500 平方米。

嘉兴永明电气公司发电厂房

档案类型：照片档案　　保管期限：永久

档案说明

1910 年（清宣统二年），嘉兴永明电灯公司发电厂房建成。

嘉兴的电力工业自此开启，它肇始于清代末年，稍晚于杭州、宁波，以永明电灯公司的成立为标志，嘉兴地区成为浙江省第三个有电的地方。彼时朝局风云变幻，社会动荡不安，永明公司电厂的筹建工作举步维艰。转年辛亥革命爆发，局势更不可测，永明公司原本拟订的发电时间一再拖延。投资回报周期无奈延长，大量资金消耗，使电厂资金链发生困难。

金沧伯等人不得不四处筹资。经过辗转联系，嘉兴永明电灯公司最终由司账（会计）张成夫，向嘉兴豫源钱庄借贷长期商用贷款 1000 元大洋，事后又陆续借了 1000 多元大洋，两年时间内，嘉兴永明电灯公司共欠嘉兴豫源钱庄 2200 多元大洋，无力偿还。对此，豫源钱庄业主程辛伯专门向嘉兴地方商会呈送了一张"说帖"，详细记载了嘉兴永明电灯公司的欠款问题。据考证，原始"说帖"有 3 份，双方当事人各 1 份，嘉兴商会存档 1 份。这份"说帖"保留至今（今存嘉兴电力博物馆），是嘉兴电力史上时间最早、最珍贵的文史实物之一。

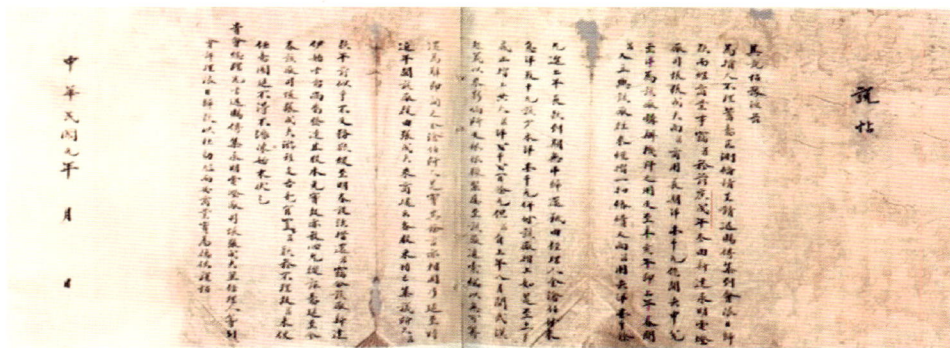

嘉兴豫源钱庄的"说帖"

档案类型：实物档案　　保管期限：永久

档案说明

"说帖"是清代及民国时期，民间组织之间的一种说理的"状纸"。由当事人向地方商会提起诉讼，由商会出面主持，请两方坐下来协商解决问题。就如现在的调解机构，这张"说帖"就是 1912 年（民国元年）嘉兴豫源钱庄向嘉兴县商会提起诉讼的"状纸"。

这位程辛伯来头不小，根据《嘉兴市金融志》记载，清末民初期间，程辛伯是嘉兴滋源钱庄、豫源钱庄、衡源钱庄的业主，同时还兼营银楼、典当行、米行、丝行，是当时嘉兴商界比较有名的一位绅士。后经嘉兴商会调解，两家谈和，"豫源钱庄"老板程辛伯拿出 5000 元入股（有说法是 5000 元包括了商用贷款 2200 多银元），成为嘉兴永明电灯公司最早的增资股东之一。程辛伯的入股为嘉兴永明电灯公司带来了至关重要的现金流，为公司的最终成功发电创造了有利条件。

永明电灯公司厂徽

档案类型：实物档案　　保管期限：永久

档案说明

2006 年 8 月 10 日，嘉兴城郊供电分局办公室汽车班职工朱建生向嘉兴电力博物馆捐赠二枚厂徽。在捐赠时，朱师傅向文史组工作人员许旭同志说："这二枚厂徽是家父大人的遗物。"（注：他父亲是嘉兴电厂老职工）

1912 年 7 月 1 日 18 点左右，永明电灯公司发电成功。在浙北米市之一的西河街米市，第一缕现代文明之光照亮禾城。是夜，金沧伯经理邀约地方绅士、亲朋好友，商会的会董们及报馆的记者上街观赏电灯，禾城的《嘉兴商报》《禾报》、浙江的《商报》先后发表了新闻消息。自此，嘉兴掀开了电力工业的帷幕，进入电气时代。创立初期，永明电灯公司共有15名职工，每天发电4到5小时，下半夜停止供电，月发电量5千千瓦·时。供电范围为西河街、鱼行街（今秀洲北路）上的一座文明戏馆以及250多用户。

嘉兴，点亮了。

嘉兴第一代路灯

档案类型：照片档案　　保管期限：永久

档案说明

1912年（民国元年）7月1日18点左右嘉兴永明电灯公司发电成功，从此嘉兴的路灯由油灯改换成电灯。

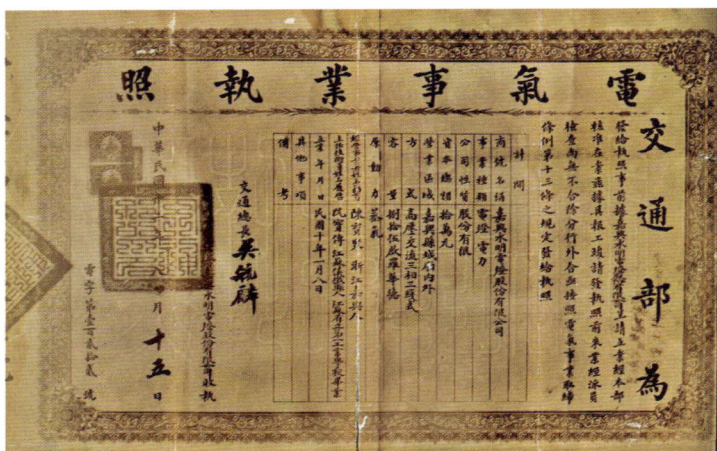

嘉兴永明电灯公司营业执照

档案类型：照片档案　　保管期限：永久

档案说明

1923 年 8 月 15 日，交通部颁发嘉兴永明电灯股份有限公司营业执照。这张照片的底片为民国时期玻璃底片，保存完好，难得珍贵。现收藏于国网嘉兴供电公司档案室。

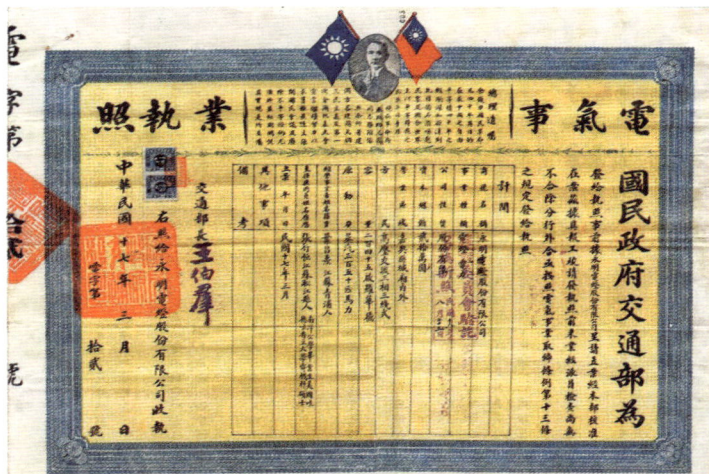

嘉兴永明电灯公司营业执照

档案类型：照片档案　　保管期限：永久

档案说明

1928 年 3 月，国民政府交通部发给嘉兴永明电灯股份有限公司营业执照。

1918 年，嘉兴永明电灯股份有限公司戊午年报告

档案类型：实物档案　　保管期限：永久

档案说明

1918 年，嘉兴永明电灯股份有限公司戊午年报告是当年的财务报表。

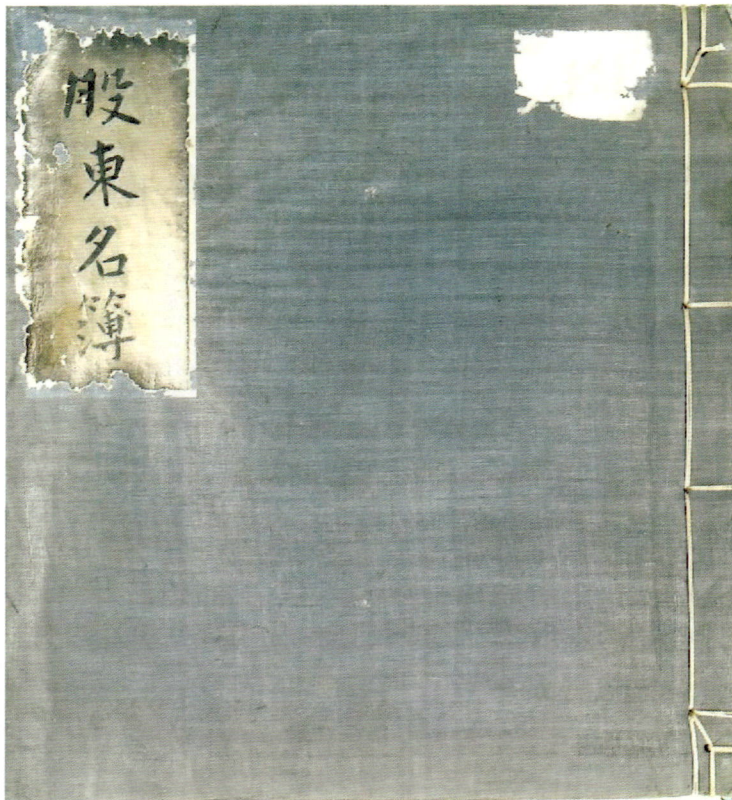

1925 年，永明电灯有限公司股东名簿

档案类型：实物档案　　保管期限：永久

档案说明

从 1925 年至 1951 年永明电灯有限公司股东名簿收藏于国网嘉兴供电公司档案室。

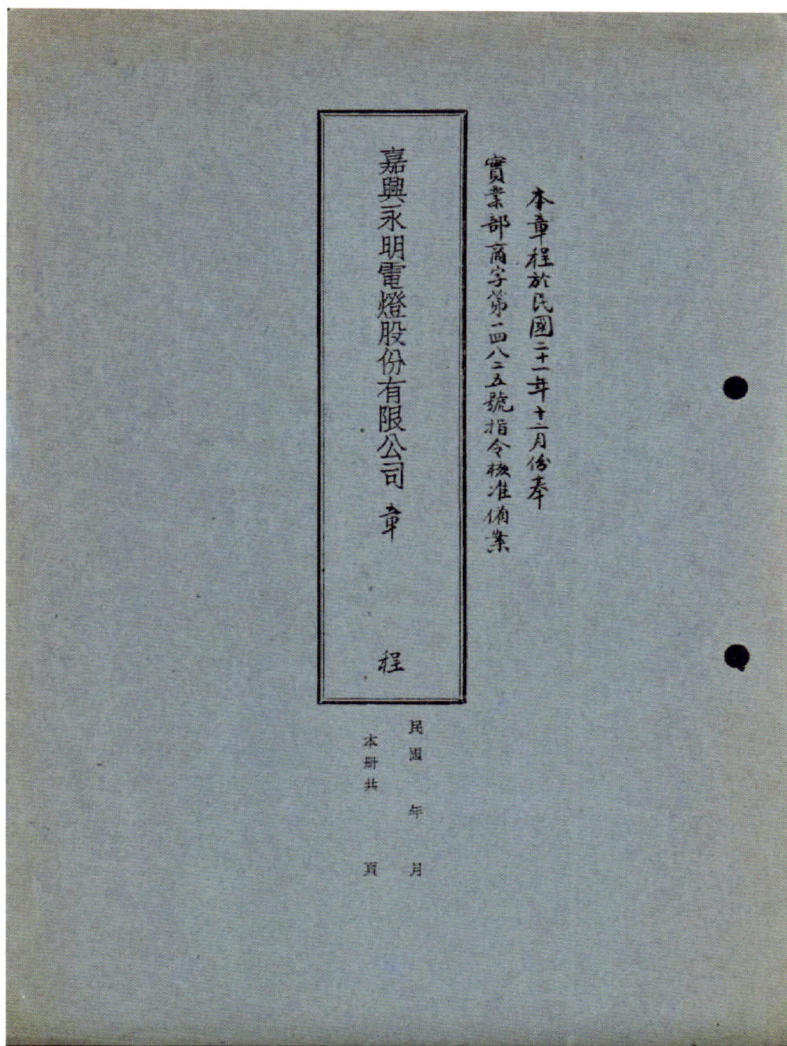

嘉興永明電燈股份有限公司章程

本章程於民國二十一年十二月份奉
實業部商字第二四八五號指令核准備案

民國　年　月

本冊共　　頁

1932年（民国21年）嘉兴永明电灯股份有限公司章程

档案类型：实物档案　　　保管期限：永久

档案说明

本章程共六章三十六条，内容包含总则、股份、股东会、董事监察人、会计和附则。现收藏于国网嘉兴供电公司档案室。

2. 嘉兴各县有电的发端

嘉兴永明电灯公司的创建，是我国近代实业发展史上民营电业自办、自养的缩影和典型。

发电第二年，永明电灯公司的年发电量为 2.4 万千瓦·时。受永明电灯公司示范和影响，嘉兴市下辖的各个县城，也陆续出现了电灯公司和发电厂的身影。这些小电厂分布在人口比较集中、交通比较方便、经济比较发达的县城和大集镇，发展较快，并形成了各自独立的供电区域。细数嘉兴各县城办电的历史，斑驳发黄的史册上记录着家邦之多难、民族之坚韧，镌刻出嘉兴电力工业之艰难初兴。

1917 年，西塘商绅钱友文在该镇先后用 4 台 1.5 千瓦发电机和 32 台储电瓶发电，虽然四年后因设备损坏而停业，却也成为嘉善县有电的开始。不过，嘉善县的灯光并未就此熄灭，钱友文电灯公司停业当年，该县钱绛年等 7 户商家集资 2.5 万银元，创办昌耀电灯股份有限公

嘉善昌耀电灯股份有限公司界牌，
现收藏于嘉兴电力博物馆

司，厂址在现魏塘镇车站街 38 号，占地 2.88 亩，同年 10 月顺利发电。

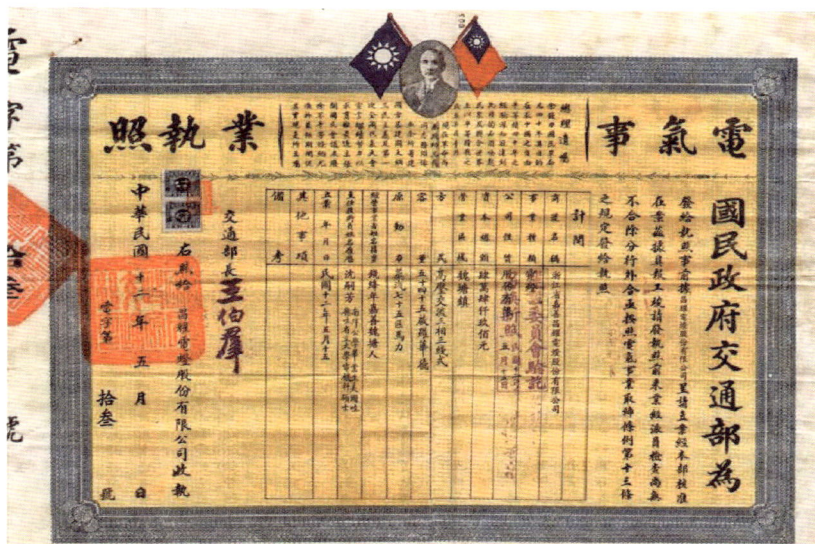

国民政府交通部发给嘉善昌耀电灯股份有限公司的营业执照

档案类型：照片档案   保管期限：永久

档案说明

1923年（民国十二年）5月15日，国民政府交通部发给嘉善昌耀电灯股份有限公司的营业执照。1925年，昌耀电灯股份有限公司扩充营业，购进英国产105匹马力立式三缸柴油机及72千瓦发电机各1台，装机容量126千瓦。用户近500户。

1918年4月，平湖县也出现了第一家电力企业——平湖电灯有限公司。接着，先后在城关、新仓、新埭和乍浦等4个集镇，又开办了石油电灯厂、明星电厂、新光电厂、昌明电灯有限公司和乍浦电气有限公司等五家电厂。1929年3月，著名航运商张丰受与人合伙集资12万银元，在城关镇南门外，征地3.65亩，筹建明华电厂，次年5月16日开始发电。海宁县则是在1910年就已经开始创办电厂，商人徐申如（诗人徐志摩之父）等人集资3万银元，创办硖石电灯股份有限公司，厂址设在硖石镇东南河小荡。1913 年 2 月，该电厂正式发电，只比永明电灯公司晚了半年，仅供照明用电，发电时间从傍晚到午夜 12 时止。在海盐县，民国时期著名企业家张幼仪于 1920 年牵头发起，集资 1 万银元，创办昌明电灯股份有限公司，厂址设在武原镇同安桥西堍。建厂初期，限于发电能力，每晚发电照明只能到半夜为止。昌明公司共装灯 100 多户，按包灯计费。次年，供电业务范围拓展，装灯 400 多盏，《申报》曾经专题报道过该公司，称"现闻股东开会预算，已足开支，不致亏折，若能再事推广，业务必将蒸蒸日上也。"桐乡县第一家公用发电厂——嘉桐濮院镇公明电气公司于 1922 年建成发电，厂址选在桐界的北苏家浜。稍后，乌镇、石门、洲泉、屠甸、崇福、梧桐六镇相继创办公用发电厂。同时，洲泉、高桥等地兴办而起的榨油厂，开始采用内燃机作动力，自备直流小发电机发电，供厂内生产照明。

平湖电灯有限公司大门

档案类型：照片档案　　保管期限：永久

档案说明

1918 年（民国七年）4 月 12 日，李维屏等 9 人发起商家私人集资股本 50 000 银元，创办平湖县城第一家电力企业——平湖电灯股份有限公司，平湖电灯股份有限公司购地 2500 平方米，沿路围墙圈地，建楼房三间,安装英国制造的 50 千瓦蒸汽透平发电机组 1 套,并在城关镇架设 220 伏低压照明线路, 从此标志着平湖电力从无到有。

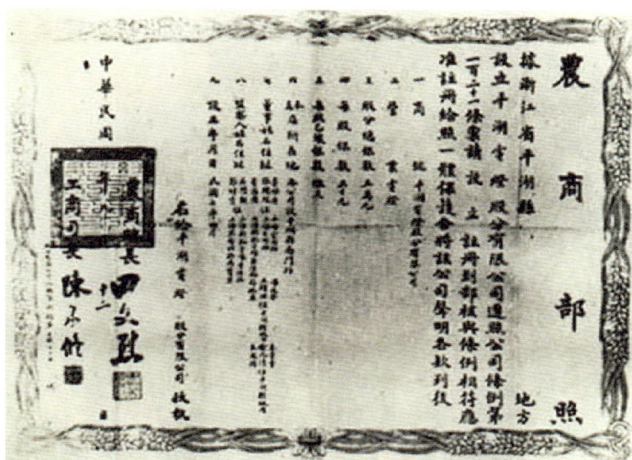

平湖电灯有限公司执照

档案类型:照片档案　　保管期限:永久

档案说明

1918 年农商部发给平湖电灯有限公司执照。

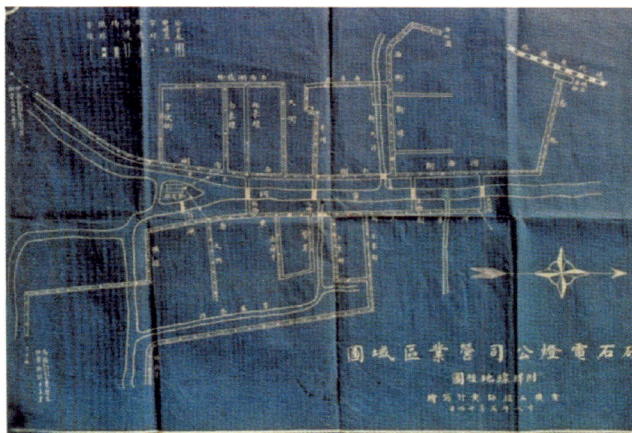

硖石电灯公司营业区域图

档案类型：照片档案　　保管期限：永久

档案说明

1924 年（民国十三年）5 月 14 日，硖石电灯公司营业区域图，由电气工程师黄竹筠绘制，是海宁县第一张有图例和指南针坐标的接线和用户地图。

海盐县昌明电灯公司配电间

档案类型：照片档案　　保管期限：永久

档案说明

1920 年（民国九年），张幼仪等在海盐县城创办昌明电灯股份有限公司，建厂初期，装 1 台 17 千瓦直流发电机，由 40 马力柴油机拖带发电。照片为海盐县昌明电灯公司配电间。

1920 年 8 月 28 日《申报》新闻报道：昌明电灯公司成立

档案类型：照片档案　　　保管期限：永久

档案说明

昌明电灯公司成立公告，现存于海盐档案馆。

乌镇电气公司营业楼

档案类型：照片档案　　保管期限：永久

档案说明

桐乡全县第一家公用发电厂——嘉桐濮院镇公明电气公司，于 1922 年（民国十一年）2 月，在桐界的北苏家浜建成发电。其后，乌镇、石门、洲泉、屠甸、崇福、梧桐 6 镇相继创办公用发电厂。

可以看到，继永明电灯公司创立之后，嘉兴市各县电灯公司及电厂如雨后春笋，遍地开花。在当时，电力的普遍用途主要是照明，少数用作生产用电。到了 1922 年 3 月 20 日，嘉兴城内的街巷防风灯一律改装为电灯，以方便夜间行人。同年 5 月 11 日晚，环城通电，嘉兴老城路灯齐明，工业文明也成了"王谢堂前燕"，随着电灯点点，飞入江南小县城。1925 年 8 月 25 日，永明电灯公司因扩大经营业务，将公司电灯线架设到城东三里的塘汇镇，百余家用户在中秋节当天亮灯，体验了一番别具风味的中秋佳节。当年的农历十一月初一傍晚，嘉兴城厢路灯通宵放光，市民称便，乃至在马路上流连忘返。

除了照明使用，电力供应还带动了嘉兴一批小的铸铁厂、铁工厂等私营企业发展。其中一些实力较强的私营企业，甚至能够自建备用电厂，用来支持生产，比如著名的民丰造纸厂，就办有自己的发电厂，发电能力堪比其他电灯公司。在嘉兴有电以后的五年中，嘉兴县城中的公私装灯户达到了 2000 余户，嘉兴的铁工厂、铸铁厂等民族小工业也随之兴起。

然而，随着抗日战争全面开始，嘉兴电力工业遭到了严重破坏。

第二节　电运多舛——战火中的嘉电沉浮

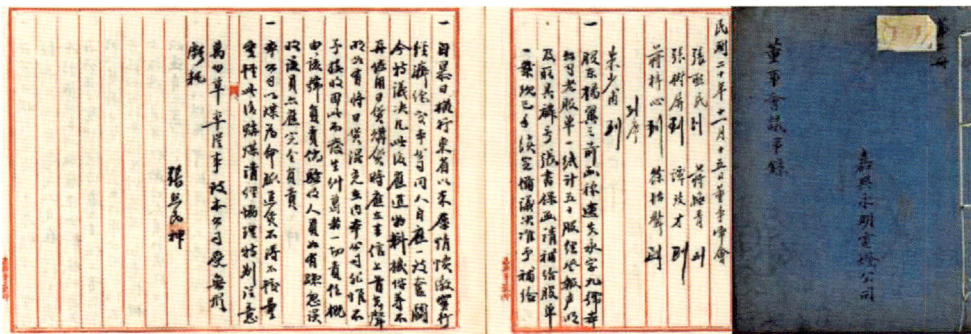

永明电灯公司董事会议事录

档案类型：实物档案　　保管期限：永久

档案说明

1931 年（民国二十年）9 月 18 日，日本驻中国东北关东军突袭沈阳，以武力侵占东北。九一八事变是日本帝国主义以武力征服中国的开端。1931 年 11 月 15 日，永明电灯公司董事会议事录中记录了当时全国人民对日本帝国主义的愤慨，一致抵制日货。

1937 年 11 月初，日军在杭州湾金山卫登陆，当月 19 日清晨，日军占领嘉兴火车站，嘉兴遂告沦陷。永明电气股份有限公司营业所被日军烧毁，供电设备遭到破坏，中止发电长达半年之久。

1937 年（民国二十六年）淞沪会战爆发，这是中日在抗战中第一场大型会战，也是整个中日战争中进行的规模最大、战斗最惨烈的一场战役。图片是 1937 年（民国二十六年）12 月 21 日，日本帝国主义军队进攻嘉兴火车站照片。

1938 年 4 月 8 日，嘉兴永明公司及绍兴大明电气公司经理叶养吾之子叶传雄向日方出卖这两个公司的有关文件资料。次年，永明公司被日商华中水电株式会社侵占，改名为"华中水电嘉兴电厂"并委派斋藤荣七等 6 名日本人进驻掌管。后因国内抗战全面开展和太平洋战争爆发，煤源供应不足，1942 年开始该厂只有两台发电机运行，发电煤耗高达 67 千克/（千瓦·时）。永明公司电厂工人受日商剥削压迫，消极怠工，每天发电仅 6 至 7 小时，职工虽增加至 45 人，年发电量却增加缓慢。日军为维持嘉兴城厢、车站作坊、水泵及驻地的用电，强令由民丰造纸厂自备电厂转供电 100 千瓦。永明电灯公司与民丰造纸厂的遭遇绝非独有，嘉兴其他各县的电灯公司和发电厂也受战争沉重打击。抗战期间，嘉兴市区的耀明电气股份有限公司、星明电气股份有限公司等 4 家电厂相继停业或因遭焚毁而致倒闭。

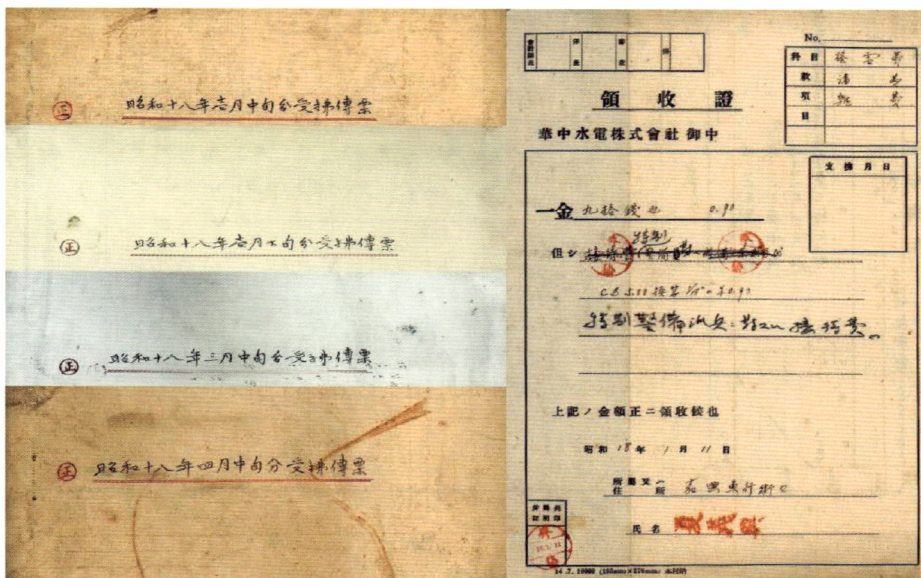

"华中水电嘉兴电厂"传票

档案类型：实物档案　　保管期限：永久

档案说明

1937 年（民国二十六年），日军侵占嘉兴后，永明公司被日商华中水电株式会社霸占。华中水电株式会社是华中振兴株式会社的一个分支，主要对中国的水、电进行掠夺和控制，这些传票是日本霸占永明电灯公司的铁证。

1945 年 2 月 15 日，嘉兴永明电灯股份有限公司保证金收据

档案类型：实物档案　　保管期限：永久

　　嘉善县昌耀电灯股份有限公司，至 1936 年时一度达到鼎盛，年发电量 9.98 万千瓦·时，年营业收入法币 2.4 万元。在此期间，嘉善全县还办有普益电灯厂、启明电灯厂、光耀电灯厂、同仁电灯厂等 7 家小电厂，装机总容量 350 千瓦。然而，历经日军破坏和国民党昏聩统治时期，幸存下来的昌耀公司因电力用户的减少、设备失修，发电出力日趋下降，1949 年当年发电量只有 4.46 万千瓦·时，该县其余电厂则悉数倒闭破产。平湖县明华电厂在 1936 年日军侵华前夕，曾一度实现昼夜发电。是年，明华电厂年发电量达到 64.23 万千瓦·时。到了 1949 年 5 月 11 日平湖县

解放时，平湖全县仅存平湖明华公司一家电力企业。明华公司幸存的两台发电机组，设备陈旧，出力不足，再加上发电燃料紧缺，装机容量才只有255千瓦，年发电量仅12.63万千瓦·时，发电量比战前减少70%以上，足见战争与社会动荡带来的破坏。海宁县也遭逢干戈，到1936年时，海宁全县共有50家电厂，总装机容量393千瓦，年发电量30.8万千瓦·时，电力工业发展势头一度迅猛。然而抗战期间燃煤短缺，发电无法保证，多数电厂因此破产倒闭。硖石电灯公司为维持正常发电，向银行贷款法币42亿元，从上海购进德国产"克劳伯"牌200马力柴油机和80千瓦发电机各1台，把装机容量提升到了180千瓦。幸赖于此，到1949年解放时，硖石电灯公司年发电量16.56万千瓦·时，勉强维持经营。

海盐县昌明电灯股份有限公司自1937年沦陷后，一度被日军侵占。1940年4月某日深夜，海盐县抗卫大队袭击县城日军时，昌明电灯公司厂房、发电机组被战火焚毁，公司被迫停业关闭。抗战胜利后，张幼仪、沈保和及旅沪巨商周融荪等20人筹募资金，于1946年再度在海盐县恢复电业，创办了海盐电灯股份有限公司。次年5月，一套美国浦特厂制造的40马力和25千瓦发电机组由上海运抵海盐，同年12月25日在原址试发电，似有重现生机的景象，然而终没有恢复往日的峥嵘。1937年11月，日军侵入桐乡县县境，石门、濮院两电厂毁于战火，其余各电厂纷纷停业。月余后，梧桐、崇福、乌镇三家电厂在日军胁迫下断断续续发电。抗日战争胜利后，国民党政府的腐败统治，导致经济萧条，物价飞涨，该县众电厂濒临绝境。至新中国成立前，仅梧桐镇大顺电厂勉强维持生产，年发电量只有2.16万千瓦·时，电业发展随当时的社会经济一同凋敝。

档案类型：实物档案　　保管期限：永久

档案说明

1944 年 7 月，中共海北抗日游击队为了不让日军用电，派员将发电机部分零件炸毁，使明华电气公司 1 台 132 千瓦发电停役，这是 1946 年 1 月修复发电时的照片。日军侵华战争和国民党腐败统治严重阻碍、破坏了嘉兴电力工业的发展，但在众多开明乡绅、实业家的苦心周旋、艰难经营下，嘉兴电力工业依然保持了一定的规模。在当时全国范围来看，嘉兴电力工业的发展还是走在了前列。

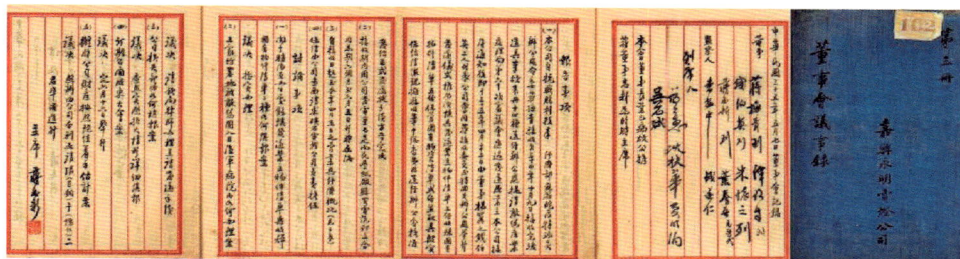

永明电灯公司董事会议事录第二册

档案类型：实物档案　　保管期限：永久

档案说明

1945 年（民国三十四年）抗战胜利，1946 年（民国三十五年）董事会重新接手永明电灯公司财产和业务。

永明电灯公司的复生，便是明例。抗日战争胜利后不久，1945 年 10 月 9 日，国民政府经济部战时生产局苏浙皖区派蒋抚青重回嘉兴，代表民国政府接收嘉兴电厂，归还民营，恢复"嘉兴永明电气股份有限公司"名称。1946 年，永明公司董事会改组。嘉兴知名人士私营德心医院院长蒋志新任董事长，蒋抚青为经理。1947 年，董事长蒋志新力邀民丰造纸厂总经理金润庠任永明公司董事长，地方绅士沈公达任经理。永明公司除连续向民丰造纸厂增加购电外，又对本公司进行增资扩建，每股法币 1 万元，共集资 12 亿元法币。其中，民丰造纸厂认股 4 亿元法币，地方工商界认股 4 亿元法币，老股东 4 亿元法币。公司通过国民政府善后救济总署购买一台美国产 600 马力柴油机，一台 406 千瓦发电机，于 1948 年 4 月 27 日投入运行，并在环城河秀水之畔建河埠及煤场，设守夜值班室。是年，永明公司共有 3 台发电机组，总装机容量 714 千瓦，年发电量 82.3 万千瓦·时。从 1948 年起开始，永明公司在嘉兴城区实行 24 小时供电。公司员工也扩招到了 56 人，电厂规模为浙北之最。

截至 1948 年，浙江省一共有 27 家较大规模的电厂，嘉兴地区就占据了 6 家，分别是嘉兴永明电气公司、平湖明华电气公司、海宁硖石电气公司、长安复兴电气公司、嘉善昌耀电气公司和西塘普益新记。其中，嘉兴永明电气公司及平湖明华电气公司在中华人民共和国成立前一度与杭州电气公司、宁波永耀电力公司、绍兴大明电气公司并列浙江省五大电厂之一，五大电厂中嘉兴地区占据两席，足见嘉兴电力工业在浙江省早期电力工业发展历史上举足轻重的地位与作用。

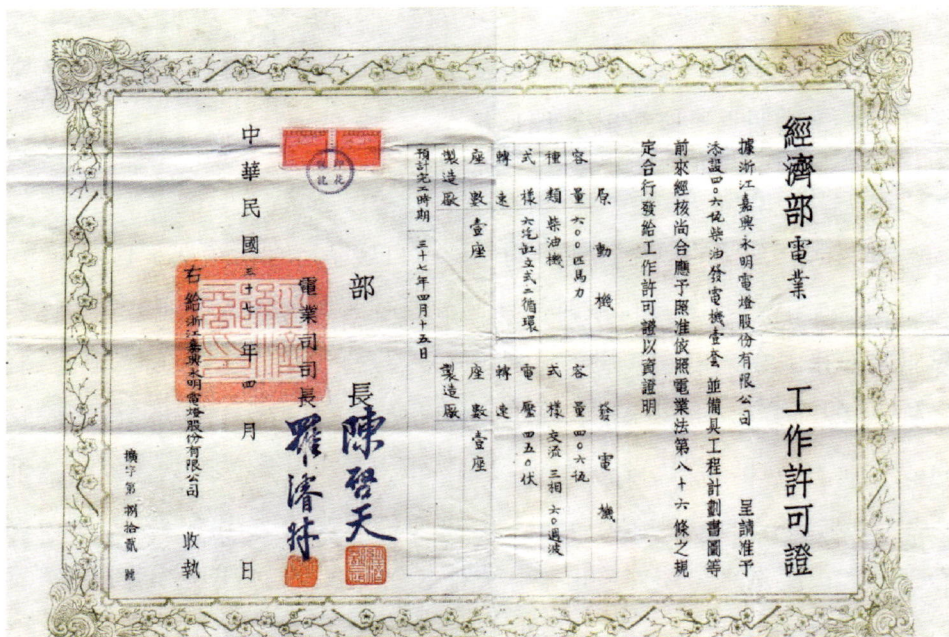

1948 年 4 月，经济部发给嘉兴永明电灯公司工作许可证

档案类型：实物档案　　保管期限：永久

档案说明

1948 年 4 月，经济部发给嘉兴永明电灯公司工作许可证，现珍藏于嘉兴电力博物馆。

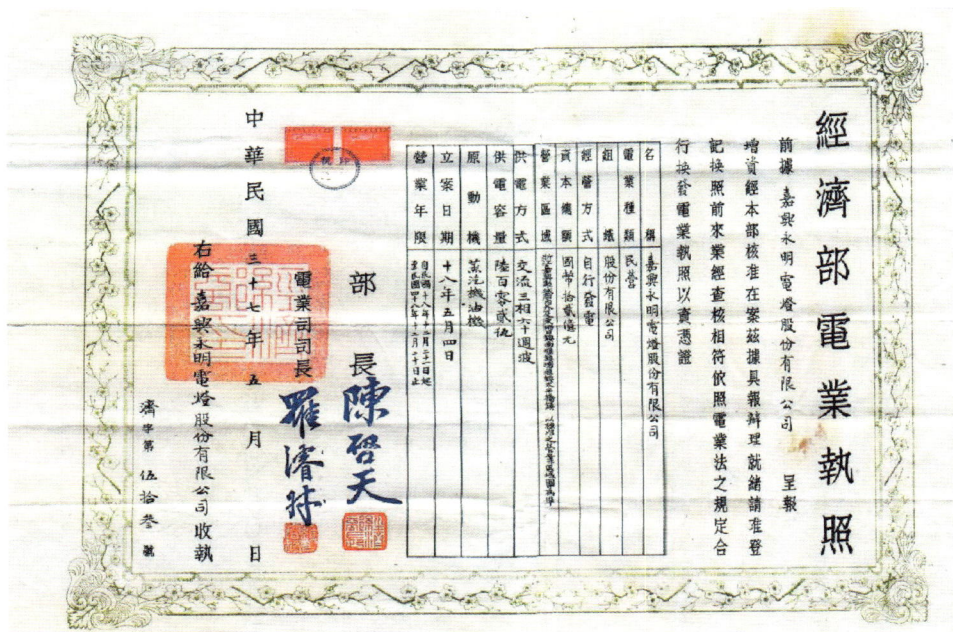

1948 年 5 月，经济部发给嘉兴永明电灯公司工作电业执照

档案类型：实物档案　　保管期限：永久

档案说明

1948 年 5 月，经济部发给嘉兴永明电灯公司工作电业执照，现珍藏于嘉兴电力博物馆。

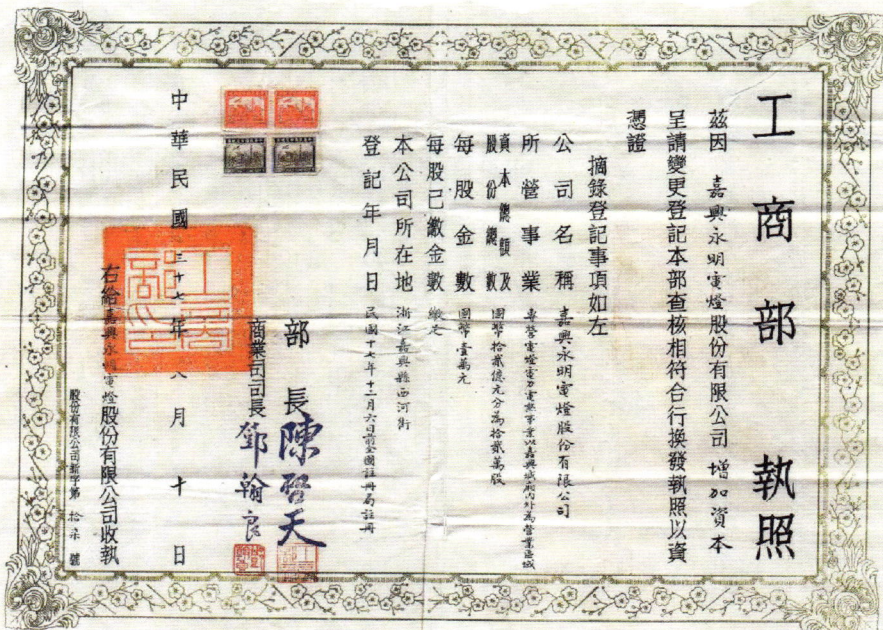

1948 年 8 月，工商部颁发嘉兴永明公司增加资本变更登记执照

档案类型：实物档案　　保管期限：永久

档案说明

1948 年 8 月，工商部颁发嘉兴永明公司增加资本变更登记执照，现珍藏于嘉兴电力博物馆。

裝表簡章

一　用戶欲裝設電表者須先繳納電力表押費每隻計洋拾元正即取收據爲憑

二　電表將來不用時即由本公司將該表拆回押費請持該收據向公司領還

三　裝設電表後不可自行移動增位並自行多裝燈頭如欲爲移擬知照公司飭匠改裝否則因之損壞用戶須照價賠償

四　電表不用時如缺少屯費即在押費內扣算

五　電表之容量有一定裝戶應向公司接用戶載裝路之燈頭而裝設如用戶須將添燈頭請先向公司聲明以便增換而免損壞

六　裝戶裝置火表如遇風雨則不測不及拆除以致損壞者裝戶得不賠償火表倘公司亦不付還押表費此操作應

電力表押費收據

今承

尊處裝用電力表壹雙計押表費洋　拾元正

中華民國十九年　　月　　日

合給收據爲憑

程明煬台照

自民國　年八月份起加收戊捌正每月扣壹壹元正

永明電燈股份有限公司

會計員

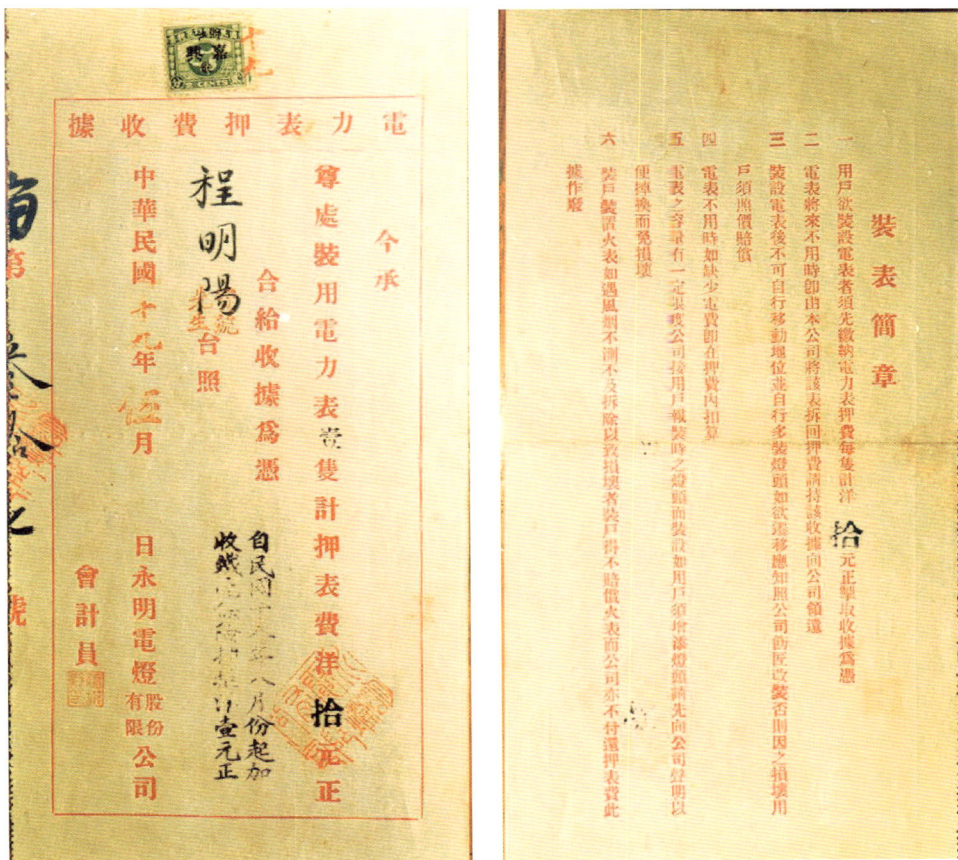

1930 年永明公司装表简章表押费收据（正反面）

档案类型：实物档案　　　　保管期限：永久

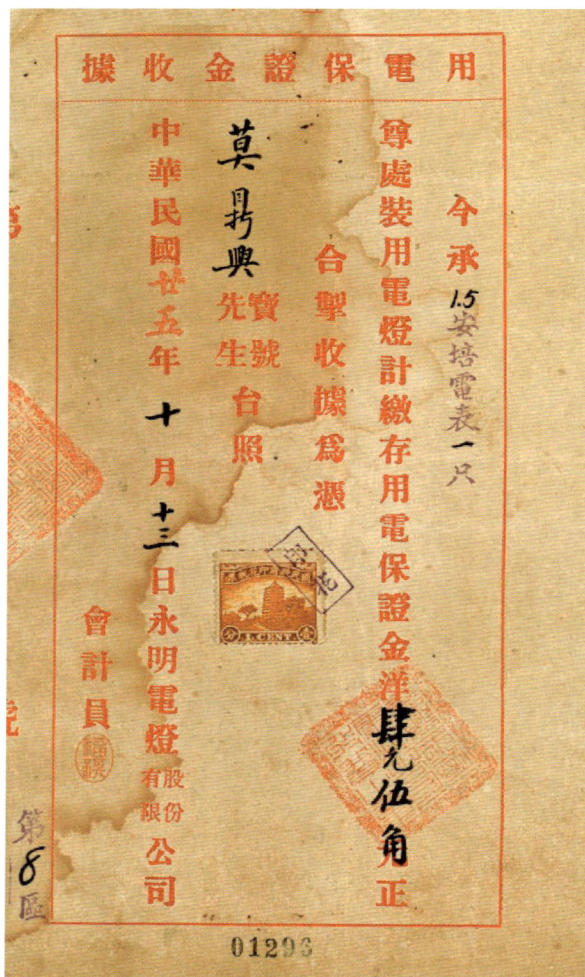

用電保證金收據

今承 1.5安培電表一只

尊處裝用電燈計繳存用電保證金洋肆元伍角正

合掣收據爲憑

莫昌興寶號先生台照

中華民國廿五年十月十三日永明電燈股份有限公司

會計員

第8區

01293

1936 年 10 月 13 日嘉兴永明电灯股份有限公司用电保证金收据凭证

档案类型：实物档案　　保管期限：永久

収
據

尊處交下
今收到

合製收據爲憑
接電費洋

泰潤
寶號台照
壹元〇角〇分整

先生

中華民國

泰潤記

永明電燈股份有限公司

會計員

廿九年三月六日

紫陽街18號

02148

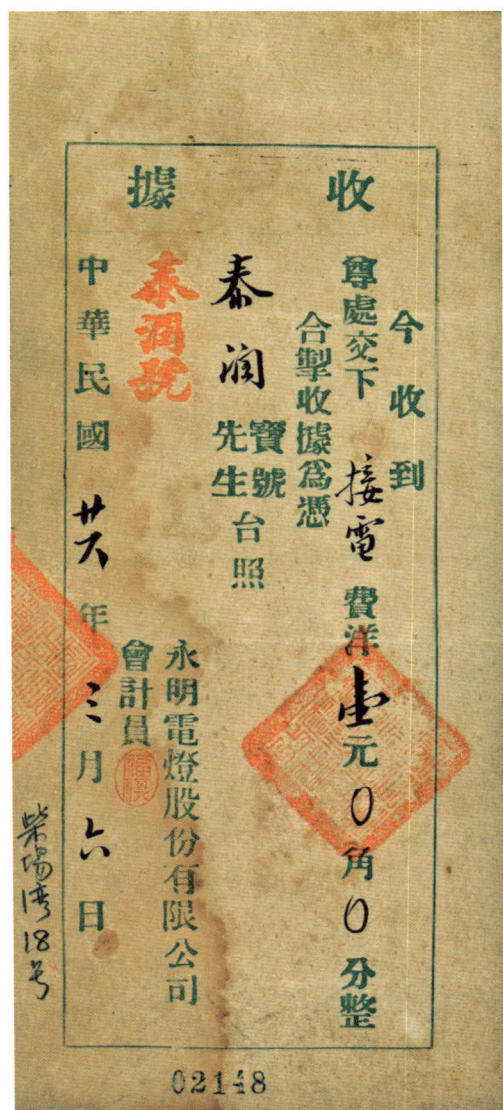

1940 年 3 月 6 日嘉兴永明电灯股份有限公司接电费收据凭证

档案类型：实物档案　　保管期限：永久

嘉兴永明电厂用户门牌号

档案类型：实物档案　　保管期限：永久

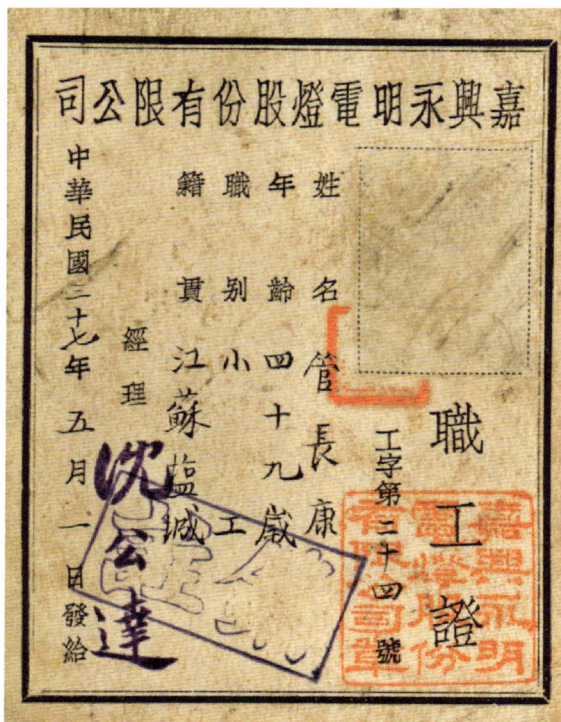

1949 年 5 月 1 日嘉兴永明电灯股份有限公司职工证

档案类型：实物档案　　保管期限：永久

第三节　焕发生机——嘉兴电力步入正轨

1949年5月7日，嘉兴市区解放，嘉兴电力工业迎来曙光。截至1949年5月，嘉兴全市供电设备仅有2.3千伏、380/220伏高低压配电线路46.55公里，配电变压器38台，计1470千伏·安。彼时国内百废待兴，永明电气公司因资金严重匮乏，正濒于倒闭边缘。不久，永明电气公司进行内部民主改革，清产核资后，永明电气公司改由嘉兴市人民政府工商科领导。当年，发电机容量仍为714千瓦，年发电量90万千瓦·时。嘉兴市区的电力供应由民丰造纸厂自备电厂馈电650千瓦勉强维持。

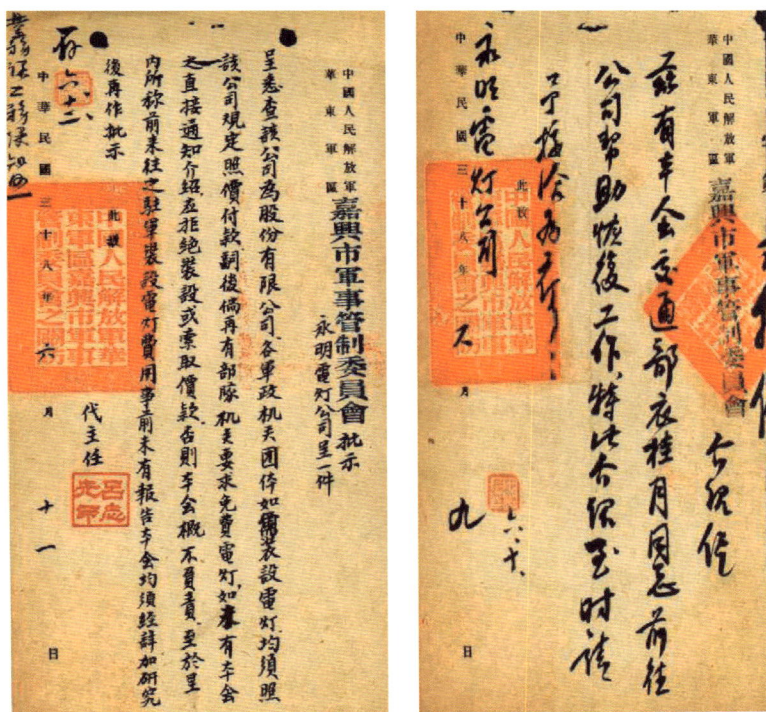

嘉兴市军事管制委员会批示和介绍信

档案类型：实物档案　　保管期限：永久

档案说明

军事管制委员会是解放战争时期和建国初期在城市中建立的军事性、临时性的政权机关。军事管制是为了迅速肃清反动残余势力，保障国家和人民生命财产的安全，建立革命新秩序。1949年5月7日嘉兴解放。1949年6月11日，嘉兴市军事管理委员会给永明电灯公司批示。1949年8月9日，嘉兴市军事管理委员会派专员帮助永明点灯公司恢复生产。

新中国成立后，嘉兴电力工业及永明电气公司面貌焕然一新。1949年7月23日，永明电气公司工人临时代表大会召开，这是永明电气公司历史上第一次召开职工代表大会，得到了公司职工们的热烈响应。同年9月15日永明公司成立了工会筹备委员会，有会员38人，从中选出委员5人。次年3月26日，永明公司正式成立工会委员会，吴大照担任工会主任，会员发展到46人，工会成员占全公司职工人数的90%以上。嘉兴永明公司的职工吴大照、孙大虎于1949年12月光荣加入中国共产党，成为嘉兴电力系统首批入党的职工。接下来，永明公司劳资协商会成立。1950年5月，嘉兴县、市合并，市总工会（筹）改为嘉兴县总工会（筹），嘉兴永明公司工会主任吴大照和驻永明公司军代表沈玉英，担任县总工会执行委员。一系列会议和改组，一步步引导永明电气公司走向转型。

嘉兴市第一届各界人民临时代表会议

档案类型：照片档案　　保管期限：永久

档案说明

1949 年 9 月 30 日，嘉兴市召开第一届各界人民临时代表会议，永明公司代表蒋志新参加会议，蒋志新前排右三。

浙江省嘉兴县总工会全体执行委员会合影

档案类型：照片档案　　保管期限：永久

档案说明

1950 年 7 月 23 日，永明公司二位同志参加县总工会执行委员会议并合影，照片前排右起第四人沈玉英（女）、后排中吴大照。

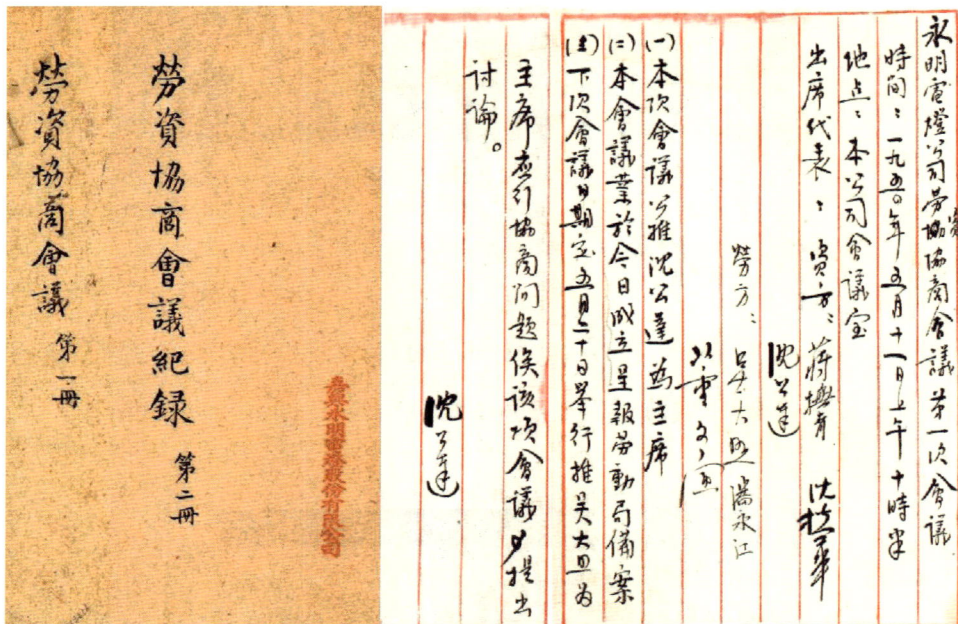

永明电灯股份有限公司劳资协商会议记录

档案类型：实物档案　　保管期限：永久

档案说明

1949 年新中国成立初期，党和政府在私营企业中推广设立劳资协商会议，这一举措对构建新民主主义劳资关系、贯彻"劳资两利"。劳资协商会议在 1950—1951 年间得到广泛的推广，在各地区、各行业处理劳资关系时发挥了重要的作用，取得了显著成效。

1950 年，嘉兴永明电灯公司工会徽章

档案类型：实物档案　　保管期限：永久

档案说明

1950 年 3 月 26 日，永明公司成立工会委员会的同时，给每个会员发放一枚工会徽章，此徽章高为 28mm，长 45mm。材质为白铜、镀铬处理。据嘉兴电力局退休工人回忆说："当年我们还年轻，永明公司工会徽章发放后，工会威信高，我们主人翁的责任感油然而生。"

随着局势稳定，嘉兴各行各业开始经济复苏，对发电量的需求也逐年上涨。为了稳定当时的物价，解决财政赤字问题，中央人民政府于 1950 年 1 月，发行了一亿份《人民胜利折实公债》，这也是新中国发行的首批公债。每份债券折合大米 6 市斤，面粉 15 市斤，白细布 4 市尺，煤炭 16 市斤。同年，永明公司工会发动工会会员和董事会一共购买了 1220 份《人民胜利折实公债》，踊跃参与到新中国的建设中来。这一年 10 月，中国人民志愿军赴朝作战，拉开了抗美援朝战争的序幕。在抗美援朝战争中，志愿军得到了解放军全军和全国人民的全力支持。1951 年，永明公司工会发动全公司职工踊跃捐献，董事会带头表率，职工们积极响应，6 月 27 日，嘉兴永明公司为抗美援朝捐献了飞机大炮。同年 8 月，华东后勤卫生部第四野战医院与嘉兴永明公司为供电事特订合约。由嘉兴永明公司全力保障军需方面的电力供应。遇有线路检修或临时停电方面的工作，也提前与医院沟通，做好备案。在这场伟大的抗美援朝战争中，嘉兴电力工业为战争后方保障作出贡献颇多，也凸显出电力能源的重要性。

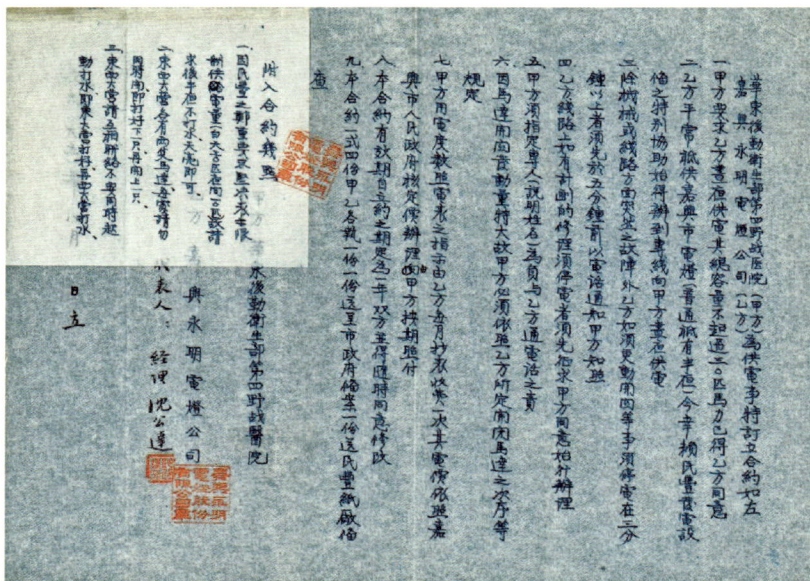

华东后勤卫生部第四野战医院与永明电灯公司为供电事特订合约

档案类型：实物档案　　保管期限：永久

档案说明

1950年7月10日，中国人民反对美国侵略台湾朝鲜运动委员会成立，抗美援朝运动自此开始。10月，中国人民志愿军赴朝作战，拉开了抗美援朝战争的序幕。1951年嘉兴接受了部分抗美援朝伤员，为保障医院供电特和永明电灯公司签订合约，这份档案是中华人民共和国成立后永明电灯公司第一份保供电合约。

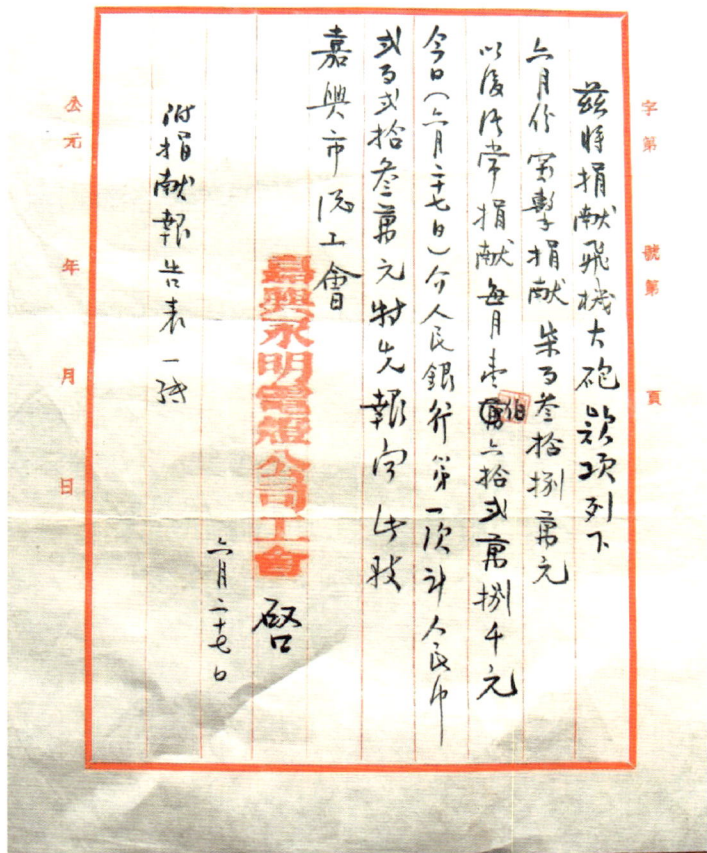

嘉興永明電燈股份有限公司

字第　號第　頁

茲將捐獻飛機大砲款項列下

六月份突擊捐獻柒佰叄拾捌萬元

以後經常捐獻每月壹佰陸拾貳萬捌千元

今日（二月二七日）令人民銀行第一次計人民幣

貳佰貳拾叄萬元特先報告先找

嘉興市總工會

附捐獻報告表一張

丟元　年　月　日

嘉興永明電燈公司工會　啟

二月二七日

1951 年 6 月 27 日，嘉兴永明公司抗美援朝捐献飞机大炮报告

档案类型：实物档案　　保管期限：永久

档案说明

1951 年，嘉兴市开展抗美援朝捐献活动，当时，永明公司工会发动全公司职工踊跃捐献。同年 6 月 27 日，永明公司工会向嘉兴市总工会报告"兹将捐献飞机大炮款项列下：6 月份突击捐献柒佰叁拾捌万元，以后经常捐献每月壹佰陆拾贰万捌仟元……"

1952 年 6 月 1 日，在嘉兴市人民政府的直接领导下，永明公司成立了新中国诞生后的第一届董事会，选举市人民政府财政经济委员会副主任孙礼孝为董事长，沈公达为经理，蒋抚青为副经理。同年 7 月 1 日起，永明公司开始实行全天 24 小时发电，全年发电量达到了 909 万度，并由民丰造纸厂自备电厂转供电 650 千瓦。1953 年 7 月 1 日，永明电气公司实行公私合营，更名为嘉兴电厂，嘉兴市人民委员会派高连桂任第一任厂长、党支部书记。经清理资产，该厂有资产旧人民币 39 亿元，调整资产比例后，政府资产占 58.56%，政府代管资产占 0.61%，私股资产占 40.83%。1954 年，永明公司实行职工劳保集体合同，新建浴室一间，理发室一间，单人宿舍两间及食堂等生活福利设施，有力地保障了职工健康和权利，大大激发了职工们的工作积极性。同年 5 月 31 日，嘉兴专区工会办事处召开"嘉兴专区 1953 年工业劳动模范大会"。嘉兴电厂总工程师夏泽民和专区劳动模范史美钰参加了这次大会。

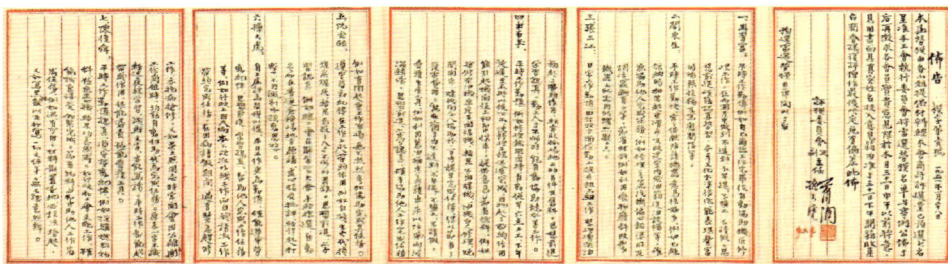

嘉兴永明电灯有限公司劳模评选布告（模字第一号）

档案类型：实物档案　　保管期限：永久

档案说明

共和国成立之初，工业基础薄弱，国民经济极其落后。中国工人阶级翻身做了主人，工作热情高涨，当时涌现出一大批艰苦奋斗，努力工作的劳动模范。1951 年 1 月 28 日，永明电灯公司第一次评选劳模。

嘉兴电厂工业劳模

档案类型：照片档案　　保管期限：永久

档案说明

1953 年嘉兴电厂工业劳模照片（1）一等劳模（名字不详），照片（2）二等劳模许福祺（左）；施金富（中）；冯宝元（右），照片（3）三等劳模孙大虎（左）；夏民润（中）；汤狄臣（右）。

中国电业工会浙江省第一次会员代表大会于 1957 年 1 月 23 日在杭州召开，嘉兴电厂代表孙大虎参加了这次会议。这一年，嘉兴电厂仅剩 1台 406 千瓦柴油发电机在发电，其他发电设备转让给内蒙古包头市和江西省景德镇，年发电量 50.38 万千瓦·时，市区主要依靠民丰造纸厂自备电厂供电。同年 7 月，杭州至海宁的 35 千伏输电线路和 35 千伏长安变电站同时建成投运，嘉兴地区开始连入杭州电网，给嘉兴地区电力发展引入了可靠的电源点，对嘉兴电网未来发展意义重大。1960 年 9 月，浙江省第一条 220 千伏输电线路建成投运，途经嘉兴。翌年 7 月，嘉兴第一座 110 千伏变电站嘉兴变电站竣工投运，嘉兴下辖各县相继建成 35 千伏变电站，从此，嘉兴市区用电转为网供为主，结束了自发自用、独立电网的历史。同年 10 月，嘉兴电厂停止发电，更名为嘉兴县电力公司，由县工业局管辖。

中国电业工会浙江省第一次会员代表大会合影

档案类型：照片档案　　保管期限：永久

档案说明

1957 年 1 月，中国电业工会浙江省第一次会员代表大会在杭州召开。嘉兴电厂代表孙大虎参加会议，中国电业工会浙江省第一次会员代表大会合影。孙大虎后排左起第 5 人。

从永明电灯公司，到嘉兴电厂，再到嘉兴县电力公司，体制变革的背后，是时代的日新月异。嘉兴电力工业，开始走向新生。

1950 年发行《人民胜利折实公债》 壹分券

档案类型：照片档案　　保管期限：永久

档案说明

为了稳定物价，解决财政赤字问题，中央人民政府于 1950 年 1 月，发行 1 亿份《人民胜利折实公债》。每份债券折合大米 6 市斤，白细布 4 市尺，煤炭 16 市斤。嘉兴永明公司工会发动工会会员和董事会积极购买新中国发行的首批公债《人民胜利折实公债》共 1220 份，是购买公债最多的单位，受到上级表扬。

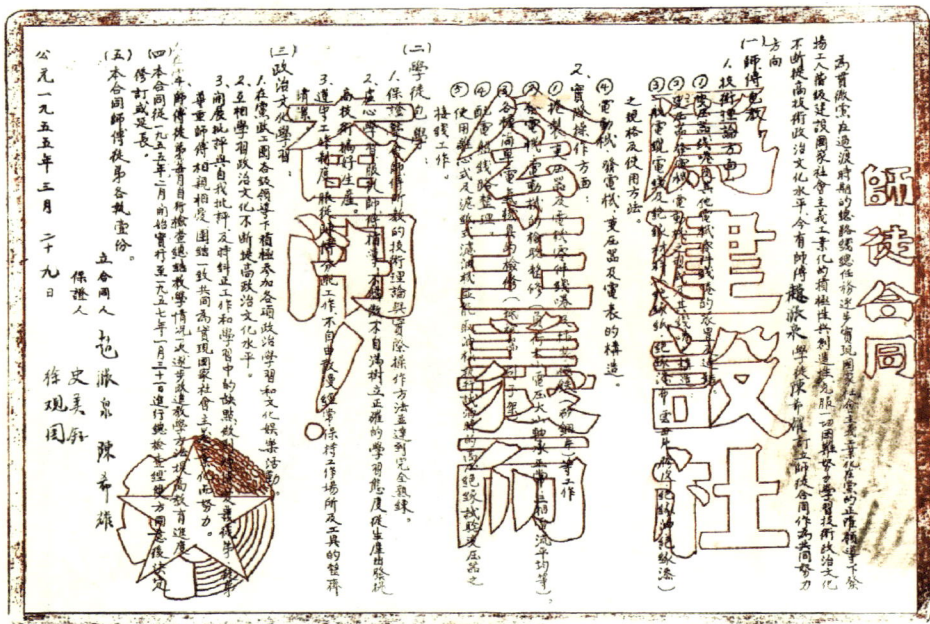

1955 年 3 月 29 日，嘉兴电厂赵涨泉与陈希耀签师徒合同

档案类型：实物档案　　保管期限：永久

档案说明

中华人民共和国成立后，50 年代初期即建立了学徒工制度。1958 年 2 月国务院《关于国营、公私合营、合作社营、个体经营的企业和事业单位的学徒的学习期限和生活补助的暂行规定》中规定：企业、事业单位同学徒或者师傅同学徒之间，都应该订立合同。

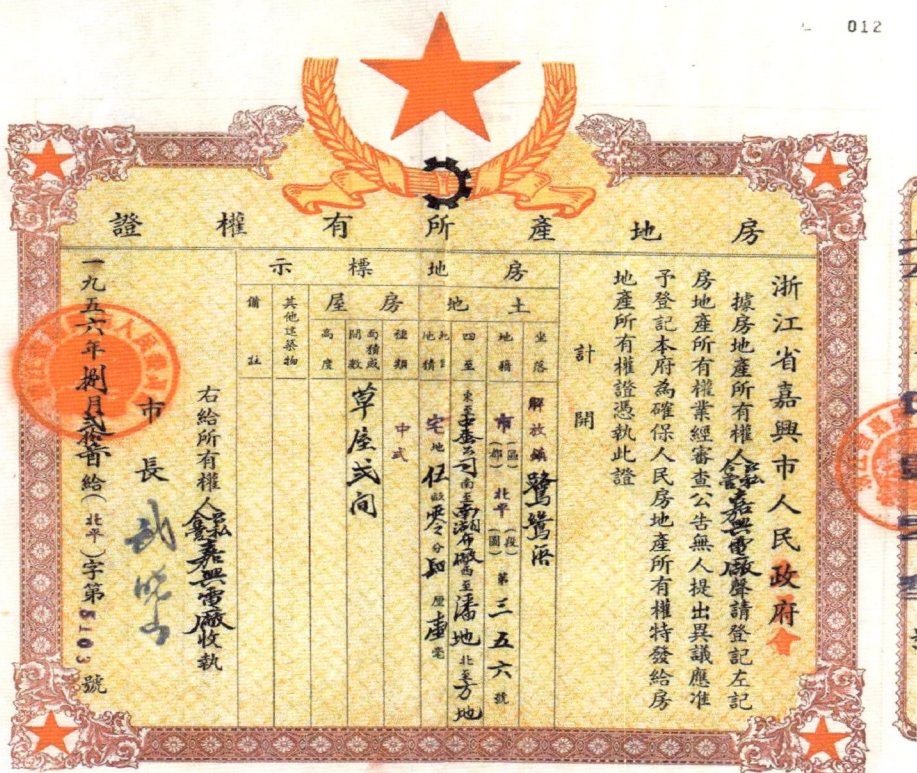

房 地 產 所 有 權 證

浙江省嘉興市人民政府

據房地產所有權人 金私嘉興電廠 聲請登記左記房地產所有權業經審查公告無人提出異議應准予登記本府為確保人民房地產所有權特發給房地產所有權證憑執此證

計開

房 地		標 示	
土地	房地	房屋	備註
坐落	坐落	種類	其他建築物
解放路 鷺鷥派	宅地	草屋	
地籍 南（區）北平（段）第三五六號	四至 東至本公司南至湖界西至潘地北至方地	式间 中式	
地積	地積 伍址更分別屋虚宅	高度	

一九五六年捌月... 給

（北平）字第5103號

市 長 刘晓青

右給所有權人 金私嘉興電廠 收執

解放號

012

1956年8月，嘉兴市人委发给嘉兴永明电灯公司房产证

档案类型：实物档案　　保管期限：永久

档案说明

1956 年 8 月，嘉兴市人委发给嘉兴永明电灯公司房产证，现珍藏于嘉兴电力博物馆。

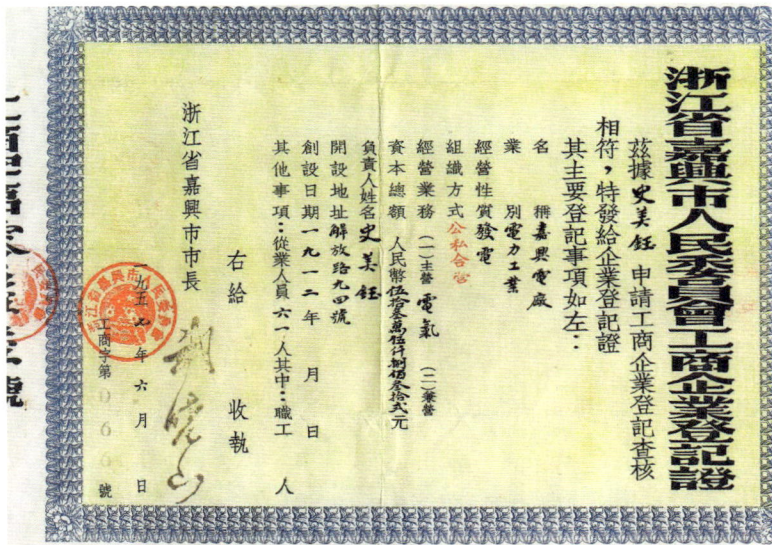

1957 年 6 月，嘉兴市人委工商业发给嘉兴电厂登记证

档案类型：实物档案　　保管期限：永久

档案说明

1957 年 6 月，嘉兴市人委工商业发给嘉兴电厂登记证，现珍藏于嘉兴电力博物馆。

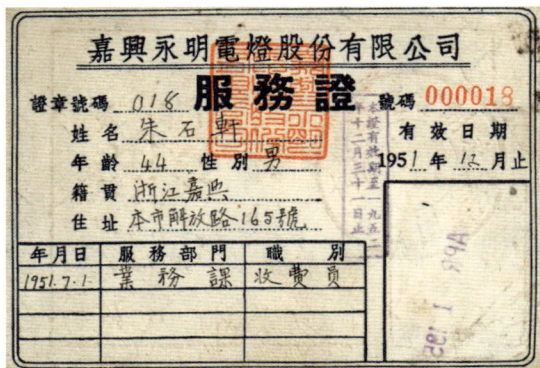

1951 年 7 月 1 日嘉兴永明电灯股份有限公司服务证

档案类型：实物档案　　保管期限：永久

第四节　嘉电新生——嘉电管理体制的奠定

1962年7月3日，嘉兴供电局成立，局址设在嘉兴市区姚庄路2号，隶属浙江省电业管理局，直属单位4个：嘉兴、石门变电站，检修工程队和高压试验室。下辖嘉兴、桐乡、平湖、嘉善、海盐、海宁、吴兴、德清和长兴等9个县电力公司。同年9月21日，嘉兴县等9个电力公司，改名为供电所，作为嘉兴供电局下属的一个基层单位。嘉兴供电局成立以后，根据上级政府有关规定，一切重大事项均由党委研究决定。至此，历经半个世纪风雨的嘉兴电力，走上了光明大道。回首彼时，嘉兴地区各个县镇的电网彼此几乎没有连通，电源点的建设也往往重复而琐细，你方唱罢我登场，缺乏统一管理规划。

嘉兴供电局旧址（姚庄路2号）

档案类型：照片档案　　保管期限：永久

档案说明

1962年，嘉兴供电局成立。

供电局党委

001

62 7 28

地委发文(62)154号

中共嘉兴地委文件

关于任免李开元等四同志职务的通知

经地委常委七月二十四日会议讨论决定，任免下列同志的职务：

李开元　任嘉兴专区供电局党委书记；

郝振绪　任嘉兴专区供电局党委付书记；免去嘉兴党校党委付书记职务；

田　川　任嘉兴专区供电局局长；

刘　昉　任嘉兴专区供电局付局长。

中共嘉兴地方委员会

一九六二年七月二十八日

发：地委各部委、党校、专署各办，政法党组、军分区党委，各县委。

抄：省委组织部、省电业局党组

报：省委。　　共印33份

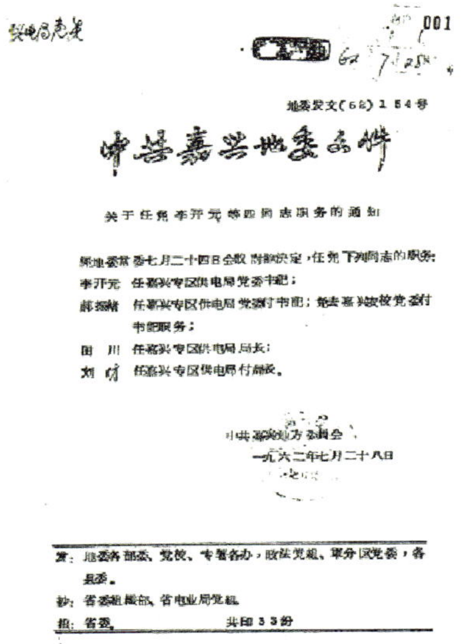

关于任免李开元等同志职务的通知

档案类型：文书档案　　保管期限：永久

档案说明

1962年7月28日，中共嘉兴地委发文，任免嘉兴供电局局领导班子：局党委书记：李开元，局党委副书记：郝振绪，局长：田川，副局长：刘昉。

嘉兴供电局成立后，嘉兴地区的电源与电网建设开始了绸缪。嘉兴供电局以及所属的9个供电所，在1963年3月29日被划为水利电力部直属企业。嘉兴各县供电所也进行了改组，至1963年7月18日，嘉兴县等9个供电所，均有了自己的新名字。

嘉善县供电所的前身为嘉善昌耀电灯股份有限公司，这家创办于1921年的电力老字号，一直坚持发电至1953年11月，实行社会主义改造后更名为公私合营嘉善电厂。1957年10月，再度更名为地方国营嘉善电厂，1962年7月改称嘉善供电所，隶属于刚刚成立的嘉兴供电局，次年又改称嘉善县电力公司。平湖县供电所的前身为张丰受等人在1929年集资创办的明华电厂。1959年9月，该电厂改名为公私合营平湖电厂；1962年3月改名为地方国营平湖县电力公司，隶属县工业局；同年7月，平湖县电力公司划归嘉兴供电局，改称平湖供电所，1963年3月划为部属企业；同年7月又改称平湖县电力公司。

海盐人民电米厂

档案类型：照片档案　　保管期限：永久

档案说明

1951年12月，海盐县人民政府派徐肇本等接管海盐电灯股份有限公司，并改为海盐人民电灯厂，隶属县企业科。1952年6月海盐人民电灯厂与县碾米厂合并，改称海盐人民电米厂，隶属县财粮科。1953年海盐人民电米厂改属粮食局，并将沈荡普明电灯公司遗留的1台20千瓦交流发电机移至武原镇，修复后由1台40马力柴油机拖带，白天碾米，夜间发电。

海盐县供电所的前身为张幼仪等人在 1920 年创办的昌明电灯股份有限公司。1951 年 12 月，海盐县人民政府接管海盐电灯股份有限公司，成立海盐人民电厂，隶属县企业科。1952 年 6 月，该电厂一度与县碾米厂合并成立海盐人民电米厂，既管发电，又管碾米。1954 年 4 月，发电、碾米独立经营，电厂从人民电米厂里拆分出来，组建成立了地方国营海盐电厂，隶属县工业科。1958 年 11 月，海盐县并入海宁县，海盐电厂也一并划归给了海宁县电力公司，成立武原工区。1961 年 10 月，海盐县恢复县制，海盐电厂重新改为地方国营海盐县电力公司。1962 年 10 月，海盐县电力公司划归嘉兴供电局，改称海盐供电所。1963 年 3 月，划为部属企业。1963 年 7 月又改称海盐县电力公司。可见，海盐县供电所的归属经历了一系列复杂的变迁，甚至一度与碾米厂合并为一，这固然与那时电力管理体制尚在探索阶段有关，也与当时电力的用途密不可分。对嘉兴鱼米之乡而言，电力排灌、电力碾米、电力脱粒都是最早发展起来的动力用电，也是嘉兴地区电力能源最早"大展拳脚"的领域。

海宁县供电所的前身为硖石电灯股份有限公司，它的历史更早，早在 1913 年 2 月就开始正式发电。1954 年 10 月 1 日，熬过 40 年风雨的硖石电灯公司改组为公私合营海宁电厂；1958 年 5 月 1 日，地方国营海宁县电力公司成立，隶属海宁县工业交通局。1962 年 10 月，海宁县电力公司更名为海宁供电所，隶属于新成立的嘉兴供电局；1963 年 3 月划为部属企业；同年 7 月，改称海宁县电力公司。1961 年 11 月，地方国营桐乡县电力公司成立，管理桐乡全县的供用电事业；1962 年 10 月，改称桐乡供电所，之后和其他县供电所殊途同归，在 1963 年 7 月改名为桐乡县电力公司。

嘉兴各县城供电所的名称不断更迭，并非文字游戏，而是显示出当时电力管理体制在探索中不断前进，嘉兴供电局成立后，意义最为重大的一个举措，正是把下辖各县的供电所统一管理起来，而嘉兴电力管理体制也在各县的变化之中有了日臻成熟的面貌。

嘉兴供电局"革命委员会"于 1968 年 11 月 15 日成立，并于 1971 年 9 月 16 日改组，将业务上归浙江省水利电力局领导。此间虽有为适应现实需要而做出的调整，但嘉兴电力管理体制框架早已在 1962 年时就基本定调，事实也将证明，坚实的管理体制基础，是嘉兴电力统一发展的定盘星。

第五节　应时而变——改革开放后的嘉电振兴

嘉兴供电局成立后，尚未有效开展各项电力部署规划，就迭遭一系列政治运动变故。1969 年，嘉兴供电局采用军事建制，撤销了职能处室，企业正常管理秩序一度被打乱。不过，到了 1973 年 3 月，嘉兴供电局便撤销军事建制和政工、生产、办事、保卫 4 大组，改回科室编制。下辖县公司也随之恢复为电力公司，直属部门全部恢复原名称。而后，随着政治上的拨乱反正，社会秩序逐步恢复，经济形势渐渐好转，嘉兴电力局的管理也发生了适当变化，进一步理顺了管理职能。

嘉兴电力局（姚庄路 2 号）

档案类型：照片档案　　保管期限：永久

档案说明

1978 年 5 月 10 日，中共嘉兴地委经地委常委讨论，同意嘉兴供电局改为嘉兴电力局。

1978 年 6 月 21 日，嘉兴供电局改名为嘉兴电力局。翌年，嘉兴电力局行政机构进行了适当的调整：1 月，成立教育科；3 月 17 日，撤销检修队，分别成立修试队、线路队、运输队，嘉兴电力的检修队伍具备了雏形。同年 5 月，又建立总工程师室，对电力运行检修工作展开专业指导。12 月 14 日，建立嘉兴电力设备厂，嘉兴电力逐步建设起完备的电力运检队伍同时，也开始在电力设备建造上进行投入。

此后，嘉兴电力的管理体制与时俱进。1982 年 6 月，嘉兴电力局又增设安全监察科。同年 7 月 20 日，嘉兴地区九个县电力公司改称为县供电局，仍隶属嘉兴电力局。1983 年，浙江省委决定撤销嘉兴地区，分别设立由省直辖的嘉兴市和湖州市，实行以市管县的行政体制。嘉兴电力局原系地区性电力局，地区撤销分设两个市以后，电力局机构随之作相应的改革，以适应形势的需要。

关于实行市管县体制后，嘉兴、湖州市供电局的机构交更和党的关系归属问题的请示报告

档案类型：文书档案　　保管期限：永久

档案说明

1983 年 7 月 12 日，中共嘉兴电力局委员会发文"关于实行市管县体制后，嘉兴、湖州市供电局的机构交更和党的关系归属问题的请示报告"。

当时，嘉兴电力局实事求是，根据客观情况，一方面积极着手组建湖州电力局，派出骨干力量，以现有的湖州供电局为基础，先把湖州电力局的架子搭起来。接着，在新的湖州市委、市府领导下，进行湖州电力局的组建工作；另一方面，为不影响生产，以保证各方面的正常供电，在条件未成熟以前，湖州市及所属各县的电力调度工作、设备修试工作，仍由嘉兴电力局承担，确保平稳过渡。为减少机构层次，提高工作效率，分市后，嘉兴、湖州两市所属各县供电局仍然保留，而对两市市区及郊区的供电则由嘉兴电力局和湖州电力局分别直接管理。为此，将现有的嘉兴市和湖州市供电局（均为县级局）的人员、党的组织关系及所有设备、所有业务全部上划，分别由两市电力局统一管理。

这样一来，嘉兴撤地建市以后，新设的嘉兴电力局和湖州电力局既是电力企业，又是两个市政府管电的职能机构。1984 年 5 月，嘉兴电力局管辖范围缩小到嘉善、海宁、海盐、桐乡、平湖 5 县（市）和嘉兴市城、郊两区。原嘉兴电力局管辖的长兴、德清、安吉县供电局和湖州供电公司划归湖州电力局领导。1984 年 3 月 31 日，嘉兴电力局新设变电运行工区，负责嘉兴市城、郊两区两座 110 千伏、八座 35 千伏变电站的运行管理工作。11 月 27 日，嘉兴供用电承装公司成立，与基建科两块牌子、一套班子，负责全市 110 千伏及以下输变电工程的改造、建设任务，系集体所有制企业，是一个独立核算自负盈亏的经济实体，对内是局直属单位。1985 年 4 月，保卫科对外改称公安科。嘉兴电力局羽翼逐渐丰满，

第一章　嘉兴电力百年历程

成为一个综合型电力公司。随着 20 世纪 80 年代，改革开放深入进行，嘉兴经济发展很快，对供用电的需求也与日俱增。1985 年 6 月 22 日，为了更好地适应嘉兴电力的发展，嘉兴电力局实行局长负责制，党委对行政起保证监督作用。1988 年 1 月，5 县（市）供电局划为省属企业，嘉兴电力局管理部门及直属单位仍为部属企业。同年 5 月，嘉兴电力局管理机构和电力调度所迁至市区中山路 96 号办公，9 月，撤销了劳动工资科，建立人事科，办公室新增设档案室。

至此，嘉兴电力局管理体制基本稳定下来。同时，80 年代中后期，嘉兴全市的电力主网架已经较为完善，在此基础上，嘉兴响应国家政策，全面开展了农村电气化县的建设，同时改造农村低压电网。1989 年 10 月 30 日，桐乡县正式通过验收，成为全国第一个大电网供电的农村初级电气化县。1990 年，又有嘉善县验收合格，跨入农村电气化县行列。很快，嘉兴电力迎来了 20 世纪最后十年中国经济快速飞跃发展时期，秦山核电站一期即将并网发电，"两改一同价"城乡电网改造即将全面铺开，嘉兴电力发展迎来新的机遇与挑战。

第六节　电改冲锋——经济腾飞时期的嘉电变革

1990 年底，嘉兴市电力工业已形成以 220 千伏变电站为枢纽、110 千伏电网为主网架的供电网络。全市拥有发电设备容量 28 235 千瓦，全年发电量 10 019.03 万千瓦·时，人均用电量 686.16 千瓦·时。当时中国经济借着改革东风，利用后发优势，增长速度极快，全国范围开始出现电力供应不足的问题，亟待解决。1993 年，嘉兴国民生产总值年增长为 25.8%，达到历史最高点，人均用电量突破 1000 千瓦·时，达到了 1001.65 千瓦·时，如此迅猛的用电需求增长速度，导致嘉兴电力供应出现紧缺现象，限电拉闸频繁出现。这在未来较长一段时期，成为嘉兴电力发展亟需攻克的瓶颈。1995 年，嘉兴发电厂一期工程两台 30 万千瓦机组投运，为嘉兴成为浙江北部乃至华东地区一大电源基地奠定了基础。火、核两大电源基地虽在嘉兴崛起，但电源调配属于华东电网，嘉兴要想解决缺电问题，仍需筹措。为此，嘉兴电力局多管齐下，一方面，为解决嘉兴电源性缺电问题，地方各级政府和电力部门坚持"多层次、多渠道"办电方针，从宏观调控、技术引导等多方面着手，充分调动企业办电的积极性，大力发展多种经济成分的地方及企业自备电厂（站）。另一方面，嘉兴地区电网建设也快速发展，1990 年到 1995 年五年间投入电网建设与改造资金 5.09 亿元，新增 35 千伏及以上变电容量 98.59 万千伏·安，35 千伏及以上输电线路 406.11 千米。

嘉兴全市在 1995 年时发电量为 34.35 亿千瓦·时，全年发电量比 1990 年增长 33.28 倍；同年最高负荷为 71.15 万千瓦，与 1990 年相比翻一番。这是嘉兴电力发展的一个典型缩影，这些数字在未来的二十多年里还会不断创下新高，翻番再翻番。嘉兴电力工业奇迹的背后，既是中国和嘉兴经济高速发展的写实，也是嘉兴电力不忘初心，兢兢业业，呕心沥血奉献的真实写照。1997 年第八届全运会开幕式上，电力代表队身着统一制服，踏着铿锵有力的步伐整齐入场，他们手中高擎着七个红色大字：人民电业为人民。这一幕，唤起了一代代电力人的集体回忆，也昭示出中国电力人共同的精神传承。他们仿佛英雄归来，身后有雄兵百万，嘉兴电力人的身影也赫然其列。1997 年，我国电力工业进入了公司制改组、商业化运营、法制化管理的新阶段，嘉兴电力工业的发展逐步由传统的计划经济向市场经济转变。同年 12 月，220 千伏嘉善输变电工程投运，至此，嘉兴市五县（市）、两区各拥有一座 220 千伏变电站，形成由市区南湖变电站、禾城变电站，嘉善变电站，平湖瓦山变电站，海宁双山变电站，海盐跃新变电站，桐乡凤鸣变电站共 7 座 220 千伏变电站组成的覆盖全区域的嘉兴电网主网架，标志着嘉兴电网建设迈入一个新阶段。自此，嘉兴电网东连上海青浦、石化变电站，西接杭州钱塘、崇贤变电站，并与嘉兴境内秦山核电站、嘉兴发电厂相连接，成为全省220千伏电网的重要组成部分。同年末，全市有35座变电站实现无人值班，嘉兴变电运行模式迈出新的一步。

1997年，随着浙江省电力工业局进行公司制改组，成立浙江省电力公司，嘉兴电力局改制成为分公司，各县（市）供电局改组为子公司。企业管理模式随着电力体制的改革而相应变化。通过开展"达标、创一流"，企业管理工作日趋规范。2001年，嘉兴电力局被命名为国家电力公司一流供电企业，2002年成为全国首家所属县级供电企业全部进入国家一流行列的地市供电企业。同年该局开展三标一体贯标工作，次年11月成为浙江省供电系统首家通过第三方贯标认证的地市供电企业。

与此同时，嘉兴全市电网建设自1998年开始，以完善电网结构为重点。嘉兴电网以国家实施城乡电网建设与改造为契机，按照"及时补缺，适当超前，优化电源结构"的方针，加大城乡电网改造力度，进一步完善主网结构，提高电网安全、经济供电的稳定性、可靠性和自动化水平，成效卓然。"改造农村电网、改革农电管理体制、实现城乡同网同价"的"两改一同价"工作在嘉兴全面实施后，大大减轻了农民负担，推动了农村电气化的进一步完善，实现了让农民用上电、用好电的初衷。2000年1月，正值世纪之交，嘉兴全市实行统一销售电价，将目录电价、集资电价和加工电价实行了并轨，取消了二级加价，并分成八大类行业用电，有力地降低了电价水平。进入新世纪后，嘉兴电力工业进入新一轮的快速发展时期。2001年底，全市实现城乡居民生活用电同网同价，"两改一同价"工作走在了全国前列。与此同时，城镇居民用电实行峰谷电价，使居民得到了更多的实惠。同年，嘉兴电力局被国家电力公司命名为"一流供电企业"。

2013年7月，根据国家电网公司规范各层级单位机构名称的批复，嘉兴电力局更名为国网浙江省电力公司嘉兴供电公司。国网嘉兴供电公司本部设置 11 个职能部门、7 个业务支撑和实施机构，下辖桐乡、海宁、嘉善、平湖、海盐 5 个县（市）供电公司。进入新世纪新时代以来，随着"八八战略""碳达峰""碳中和"等一系列能源战略的提出，嘉兴电力开始迎接新的挑战，并已交出靓丽答卷。嘉兴市发展成为光伏发电重地，氢能和风电等多种新能源齐头并进、高速发展。嘉兴从有电至今，走过一百一十年坎坷道路，筚路蓝缕，自力更生，如今早已不再是只点亮星星之火的千年古城，而是围绕打造城市能源互联网为发展方向的新型城市。

电流奔腾，嘉兴电力未来无限。

第二章 嘉兴电力来源发展变迁

第一节 中华人民共和国成立前嘉兴的私营电厂

新中国成立前，嘉兴地区各县的电力电源，基本来自两个方面：一是各县城集镇私营创办的电灯公司，专司照明，兼做动力用电；另一个来源则是一些私营工厂为了动力用电需要，自备发电机组，优先供本厂动力用电，比如电力驱动碾米或者织布，兼做厂区照明，或是延伸至集镇用户照明。

《嘉兴城市全图》封面

档案类型：实物档案　　保管期限：永久

背景介绍

1917 年《嘉兴城市全图》是由嘉兴永明电灯公司印刷发行，委托松江钟士希测绘，是嘉兴历史上第一张有图例、比例尺和指南针坐标的嘉兴城市全图。现收藏于嘉兴电力博物馆。

1910 年，嘉兴永明电灯公司成立之初，就通过上海洋行引进一套英国制造的 90 匹马力柴油机和 60 千瓦直流发电机，并且邀请了上海杨树浦电厂的资深工程师，在专家的指导下设计生产图纸，安装发电设备，架设供电线路。柴油发电成本不菲，而且很容易受到柴油供应的制约。事实上，在当年那个战乱纷纷的年代，柴油供应很容易被切断或者哄抬价格。尤其在抗日战争期间，日军一度对中国经济进行全面封锁与掠夺，导致柴油价格高企，用柴油发电就是赔钱，许多电厂不得不改造发电机组，转用烧柴发电。

嘉兴永明电气公司德国制造蒸汽发电机组

第二章　嘉兴电力来源发展变迁

061

档案类型：照片档案　　保管期限：永久

档案说明

1919年（民国八年），叶养吾发起向社会集资10万银元，改组嘉兴永明电灯公司，建立嘉兴永明电气股份有限公司（以下简称永明公司），职工增加到30人，扩建厂房，安装德国西门子公司制造的200马力卧式蒸汽机、120千瓦发电机1套。

永明电灯公司开业几年之后，即因煤炭柴油价格飞涨，亏损严重，不得不在1919年进行重组，由上海富商叶养吾并购。重组后的永明电灯公司，职工增加到30人，厂房扩建到343平方米，安装了德国西门子公司制造的200马力卧式蒸汽机、120千瓦发电机各一组，作为发电电源。至此，永明公司共有3台发电机组，总发电容量308千瓦。同年，为了扩大供电范围，永明公司又从市区西河街至南门南大街，立了53基杆高4余米的木杆，导线是纯铜制作，随木杆在街区延伸，构成全长2.5千米，电压等级为2.3千伏的配电线路，在嘉兴市区一隅形成了2.3千伏、220/380伏两个电压等级的配电网。由此，线路架设通向整个嘉兴县城的商业中心、主要马路、机关和车站、工厂等，并向部分城镇延伸。虽然永明公司发展较快，但在电力初兴的年代，它全年发电量也仅有50万千瓦·时，每天发电时间只有6个小时。嘉兴各县集镇办电伊始，机组发电能力普遍较低。1913年实业家徐申如等人在海宁县集资创办的硖石电灯股份有限公司，一开始购进了80马力蒸汽机和60千瓦直流发电机各1台，小试牛刀，可惜后续并无多大发展。嘉善县昌耀电灯股份有限公司购入了4台1.5千瓦发电机和32台储电瓶作为电源，四年后设备损坏，无法修复，不得不宣告停业。海盐商人张幼仪在1920年牵头发起、集资创办的昌明电灯股份有限公司，则是购入一台17千瓦直流发电机，由40

马力柴油机拖带发电，发电能力着实有限，每晚发电提供照明只能到夜半。张丰受等人创办的平湖明华电厂，在建厂初期安装了一套瑞典产200马力柴油机，配备丹麦产120千瓦发电机；另有一套德国产200马力柴油机，配备丹麦产135千瓦发电机，堪称嘉兴当时各县电厂里的翘楚。到了1933年10月，该厂又添置德国产120马力柴油机及76千瓦发电机各1台。平湖明华电厂发展势头良好，在解放前夕一度成为浙江五大发电厂之一。到1932年，桐乡全县一共有七家发电厂，下辖各镇几乎每镇一座，然而发电能力却很有限，七家发电厂装机总容量202千瓦，年发电量33.8万千瓦·时。

1948年出版的《中国电力分布图》，是民国时期非常珍贵的电力文史资料，目前仅存2张，可见此图的珍罕程度。图口展示了民国时期中国的电力发展状况。全省27家电厂中，嘉兴地区就占有6家：嘉兴永明公司、平湖明华电气公司、海宁硖石电气公司、长安复兴电气公司、嘉兴昌耀电气公司和西塘普益电厂，此图见证了1947年的嘉兴电力工业史。《中国电力分布图》原件保存在国家电网档案馆。

总的来说，中华人民共和国成立前嘉兴的众多私营电厂因为资本财力有限，能够发展到永明电灯公司和平湖明华电厂这样的规模，已经是极限。因各电厂彼此竞争和地域关系，跨越各县境连接成为大电网供电几无可能，建设大型火电站和水电站更是力有不逮。中华人民共和国成立后，当时仅存的嘉兴各县镇电厂被人民政府纳入了统一管理，嘉兴电力电源建设的大发展才有了实现的可能。

第二节　自备电厂的历史

嘉兴工商业向来发达，因此自嘉兴有电以来，各企业工厂根据自身生产需要，置办了发电设备，自发自用。由此，嘉兴自备发电厂逐渐发展兴旺，成为嘉兴电力发展历程中的重要一环。

1. 自备电厂在嘉兴的兴起

1921 年，嘉兴工业用电逐渐增长，其中轻工业用电占工业用电的 90% 以上，主要是纺织、碾米业等。同年，嘉兴南湖东畔建起了一座工厂，这便是杭州纬成公司在此地开办的纬成公司嘉兴裕嘉分厂（绢纺厂的前身），当时工厂占地 100 余亩，为嘉兴最早的现代丝绸厂。朱光焘担任公司总经理，设缫丝、力织两部。纬成公司裕嘉分厂共有日式小缫丝机 288 台，瑞士提花织机 80 余台，分别于 1922 年和 1923 年投产。出于工厂生产、照明需要，裕嘉分厂购置了 1 台 300 马力煤气机带 1 台瑞士产 258 千瓦发电机发电，开嘉兴市企业自备电厂之先河。与此同时，另一家嘉禾染织布厂开始使用电力织布机，嘉兴动力用电的历史在这两家工厂的自发自供中开始了。

嘉兴绢纺厂旧厂房

档案类型：照片档案　　保管期限：永久

档案说明

杭州纬成公司在嘉兴南湖畔开办纬成公司嘉兴裕嘉分厂（绢纺厂的

前身），为嘉兴最早的现代丝绸厂。当时工厂占地 100 余亩，民族资本发展精英朱光焘担任公司总经理，设缫丝、力织两部。有日式小缫丝机 288 台，瑞士提花织机 80 余台，分别于 1922 年和 1923 年投产。

随后，数家规模较大的工厂相继建设自备电厂，供本厂照明、生产用电。裕嘉分厂建立后，纬成公司决定筹办绢纺工厂。为此，朱光焘曾先后派若干杭州工业学堂毕业生赴日本专门学习绢纺技术。一切准备就绪后，绢纺工厂于 1925 年建成投产。当时裕嘉分厂已经是一家生产规模达 4000 纺锭，职工人数达 2000 余人的全国最大的丝绸联合工厂，注册商标"孔庙牌"，产品畅销东南亚印度、印尼等国，从此打破了日本等国绢纺产品称霸世界市场的局面。其背后，绢纺厂使用动力用电提升生产效率，已在行业内成为常例，人们认识到了动力用电的优势所在，嘉兴地区的电力应用也随之发展。工商业与电力发展相互促进，直至今日也是如此规律，伴随工商业的发展，用电规模、质量不断提升；而电力能源作为工商业的排头兵，其发展往往也是工商业进步的前提。

嘉兴绢纺厂 1500 千瓦背压式汽轮发电机组

档案类型：照片档案　　保管期限：永久

档案说明

1923 年，绢纺厂一台 300 马力煤气机带一台瑞士产 258 千瓦发电机发电，供厂内照明，开嘉兴市企业自备电站之先河。随后，数家规模较大的厂相继建设自备电站，供本厂照明、生产用电。

细数嘉兴电力发展史上的自备电厂，有一家不得不提——民丰造纸厂。商人竺梅先、金润痒于 1927 年购进嘉兴禾丰造纸厂，并改名为民丰造纸厂，是我国最早的卷烟纸生产厂之一。该厂的自备电厂于 1923 年就已设立，以 1 台 38 千瓦蒸汽发电机起步，发电量虽然较小，但已足够厂区照明使用。随着造纸厂生产规模的扩大和产品、产量的增加，该自备电厂陆续增添设备。1930 年增装 186 马力柴油机、150 千瓦发电机各一套，在厂区照明的基础上，开始将电力用于造纸生产。1936 年 3 月 11 日，该自备电厂又有 1500 千瓦汽轮发电机投运发电，除供厂内照明和生产用电外，还与嘉兴永明电气股份有限公司的输电线路连接，开始向社会供电。中华人民共和国成立后，国民经济开始恢复发展，民丰造纸厂自备电厂发电规模再上台阶。1952 年 7 月 1 日，该厂再增一台瑞士产 3750 千瓦汽轮发电机组，为当时嘉兴全市单机容量最大的发电机组。1959 年，民丰造纸厂自备电厂经 35 千伏东马桥变电站与嘉兴电网连接，正式加入了"电网大家庭"，嘉兴自备电厂走向了全新的历史发展阶段。

20 世纪 30 年代民丰造纸厂透平发电机

档案类型：照片档案　　保管期限：永久

档案说明

民丰造纸厂自备电站，于 1923 年（民国十二年），以一台 38 千瓦蒸汽发电机起步，随着生产规模的扩大和产品、产量的增加，自备电站陆续增添设备，1930 年（民国十九年）增装 186 马力柴油机、150 千瓦发电机一套，开始将电力用于造纸生产。1936 年（民国二十五年）3 月 11 日，该自备电站又有 1500 千瓦汽轮发电机建成发电，除供厂内照明和生产用电外，与嘉兴永明电气股份有限公司的输电线连接，开始向社会供电。

2. 历史的呼唤

新中国成立以后，国家一直鼓励自备电厂发展。同一时期属于电业部门的公用电厂，已基本上按照经济合理的原则实现统一调度，但在同一电网内部，隶属于不同工业部门的企业自备电厂，却缺乏统一调度的规章制度，短期内出现了煤炭和电力浪费的现象。1963 年，国家计委、经委发文要求，全国各电网内凡发电机与电网并列运行的企业自备电厂必须参加电网统一调度，并对自备电厂的管理作出了更加严格的要求。此举对包括嘉兴在内的各地自备电厂贯彻增产节约运动起到了积极作用，并为进一步实现全电网的经济调度奠定了基础。

20 世纪 70 年代始，电力供需失衡日显严重，拉电限电频繁，为弥补电力供应不足的缺口，维持企业的正常生产，降低能源消耗，嘉兴全市企业自备发电又有新的发展。70 年代后期，嘉兴市贯彻"多层次，多渠道办电"的方针，部分企事业单位，为确保正常生产和工作，纷纷自购发电设备，以备急用之需，这一时期嘉兴地区自备电厂的数量增加较快。1978 年 6 月，桐乡化肥厂将锅炉所产蒸汽先供汽轮机发电，然后再供合成氨生产。次年 5 月 23 日，桐乡化肥厂 750 千瓦差压余热发电机组并网发电，成为嘉兴全市第一座余热发电站。

时代呼唤之下，自备电厂的建设热度不减。中华人民共和国成立前曾一度与嘉兴电力共兴衰的民丰电厂，此时也成长为热电分厂。1983 年 7 月，经浙江省计划委员会批准，民丰造纸厂在原有自备电厂基础上筹建热电分厂，一期工程总投资 1119 万元，总建筑面积 1.23 公顷（12 298 平方米）。1986 年 4 月，热电分厂中的 1 台装机容量 6000 千瓦，采用杭州发电设备厂生产的抽气冷凝式汽轮发电机组正式投运，民丰自备电厂规模进一步扩大。之后的 1988 年 5 月，二期工程也获得批准，民丰自备电厂新增 1 台由装机容量 6000 千瓦，由杭州发电设备厂生产的背压式汽轮发电机组，在 1991 年 10 月正式投运。民丰造纸厂历经一甲子的发展，最终以此方式写下了发电历程的尾声，颇有其独特之处，不过那也是属于自备电厂的共同时代烙印。

在 20 世纪最后 20 年里，改革开放的深入推进，我国经济高速发展，电力供需矛盾摆在眼前，经济发展对电力建设提出了更高的需求，但全国大部分地区高昂的电价和频繁的拉闸限电，严重影响了企业正常的经营秩序。中央政府开始出台措施鼓励"多家办电"，支持电力市场形成多元化投资主体。嘉兴积极发展自备电厂，应对电力供需困局。1996～2000年间，嘉兴新建发电企业多达10家，且装机容量规模趋大，其中锦江热电高达5万千瓦，协联热电和泰爱斯热电各为2.4万千瓦。同时出现了政企联办、区域性企业联办、中外合资、电力参股等多种办电模式。锦江热电是郊区政府与内资外资合办的，雅宁发电则是海宁地方投资、电力参股、港商合资兴办的。电力参股的还有海宁发电厂。新建的发电企业（含自备电厂）绝大多数本身就是2000千伏·安及以上用电大户。其间，小火电（含6000千瓦以下）购电量在全市供电量生成中占相当大的比重，1999年是14.18%，2000年为13.14%，比重虽有所下降，但其绝对数增长率却有8.5%。有的发电企业乃是改制而来，例如1991年成立的嘉兴新嘉爱斯热电有限公司，前身是嘉兴热电厂，现有四台220吨/小时高温高压循环流化床燃煤锅炉、两台220吨/小时高温高压循环流化床污泥焚烧炉和一台130吨/小时高温高压循环流化床生物质焚烧锅炉。

嘉兴新嘉爱斯热电有限公司成立于1991年，是浙江省物产中大集团股份有限公司旗下的环保型公用热电联产企业

不过，如同硬币的两面，自备电厂在蓬勃发展的同时，也逐渐显现出需要去解决的问题。部分地区和企业以提高发电能力、降低用电成本、发展循环经济、热电联产等名义，建设了一批装机较小、效率较低、排放较大的自备电厂。这些自备电厂"贸然"闯入电力市场，对我国电力市场秩序和节能环保任务带来了一定的负面影响。而且早期大多数自备电厂在工程建设和安全生产方面缺乏健全有效的规章制度，也未建立专业化、具备一定运维经验的员工队伍，导致生产运营过程中存在一定的安全风险隐患。

进入 21 世纪后，我国逐步结束了长期缺电的局面。纵观嘉兴电力发展史，自备电厂一度起到了巨大的作用，在当时当地时代条件下，有力支援了电力供应，客观上促进了工业和经济的发展。随着电网日益规模庞大，自备电厂在电力工业的宏大图景里，降低了权重，却也逐渐走上了规范化运营之路，它将在嘉兴电力工业前进征途上，继续担负起自己的历史使命。

第三节　追溯大电网下的嘉兴供电之源

从 1912 年嘉兴永明电灯公司正式发电以来，嘉兴电力的电源建设开始起步。起初，嘉兴地区的电源点均来自城区和各县集镇的电灯公司与电厂，以及一部分自备电厂。各个电厂为发电所架设的输电线路，也在各县内部逐渐延伸。永明电灯公司建成了嘉兴全市第一个 220/380 伏低压直配电网。嗣后，各县镇相继办电，随着发电装机容量的增加和供电范围的扩大，逐步形成以各县镇电厂为电源点的 220/380 伏和 2.3、6.6、16.5 千伏等不同电压等级的独立配电网。1936 年之前，嘉兴城区及各县集镇的办电如火如荼，各大小电厂鳞次栉比出现。

早年间嘉兴电力工人架设线路

档案类型：照片档案　　保管期限：永久

档案说明

1919 年，嘉兴永明电气股份有限公司建成 2.3 千伏配电线路，从而构成 2.3 千伏、220/380 伏两个电压等级的嘉兴市区配电网。

然而由于日军侵华战争的破坏以及国民党政府腐败统治，到新中国成立前，嘉兴各县电厂发电量式微，城区配电网未成气候，散布的电网规模也很小。当时从嘉兴市外给嘉兴供电的线路更是凤毛麟角，1936 年，一条输电线路从苏州盛泽镇远距离送电到嘉兴新塍镇，电源来自苏州电气厂，算是嘉兴当时极少见的外来电源供电（该输电线路于 1948 年拆除）。

中华人民共和国成立后，经过三年国民经济恢复期，电力工业逐步纳入统一计划经济管理，跨地区输电电网的出现才成为可能。1957 年 7 月，杭州电网通过 35 千伏杭（州）海（宁）线向嘉兴市第一座 35 千伏长安变电站供电，嘉兴电网自此和杭州电网连通，这意味着嘉兴地区有了来自杭州的电源点，对满足当时嘉兴农村地区电力排灌等用电需求起到了积极作用。嘉兴市 35 千伏电网和 10 千伏配电网也随之进入快速发展通道。1958～1960 年，杭州 35 千伏电网延伸至海宁县硖石变电站、嘉兴市区东马桥变电站、海盐县钦城变电站，形成了以杭州电网为主电源的 35 千伏跨地区电网。1960 年，平湖县建成 35 千伏吕（巷）周（好）线和 35 千伏平湖变电站，形成以上海市金山吕巷变电站为主电源的 35 千伏平湖县电网。嘉兴的供电电源与大电网有了稳固连接，对嘉兴电力发展是一个巨大的支撑。

平湖县第一座 35 千伏平湖变电站

档案类型：照片档案　　保管期限：永久

档案说明

1960 年，平湖县第一座 35 千伏平湖变电站建成投运。

至此，嘉兴的电源点已经摆脱了中华人民共和国成立前全部由嘉兴地区内部供给的局面，用上了周边上海、杭州等城市传输而来的电能。

1961 年 7 月，110 千伏半（山）嘉（兴）线和嘉兴变电站建成，嘉兴电网并入浙江电网。同年 9 月，半嘉线支接 110 千伏石门变电站，形成"两变一线"的 110 千伏嘉兴电网。背靠浙江电网，嘉兴市 110 千伏电网快速形成，继而又推动了全市 35 千伏电网的迅速发展。到 1962 年末，全市各县均已实现 35 千伏联网，组成了以 110 千伏嘉兴、石门变电站为主电源的全市 35 千伏电网。220 千伏南湖变电站于 1977 年 12 月建成投运，成为浙江电网与上海电网的一个连接点，同时成为嘉兴电网的主电源。有了如此可靠强大的电源点支撑，嘉兴电力在 1980 年代先后建成 8 座 110 千伏变电站，全市形成了以 220 千伏变电站为枢纽，110 千伏线路为骨架，35、10 千伏线路相配套，结构较完善，调度较灵活的统一电网。

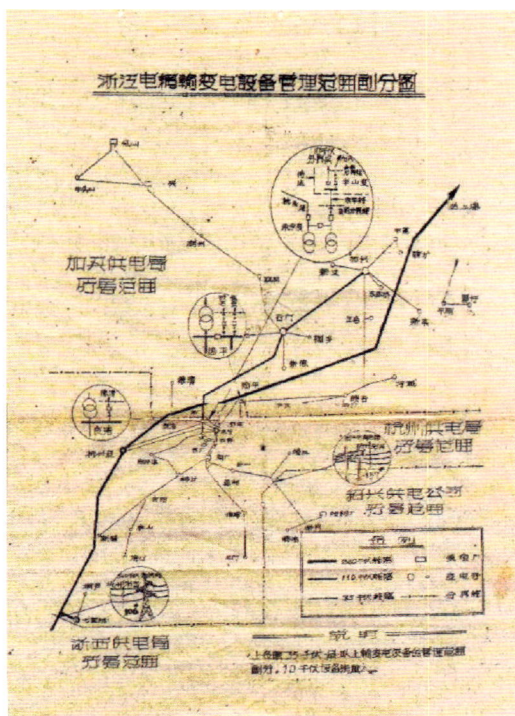

浙江电网输变电设备管理范围划分图

档案类型：科技档案　　保管期限：永久

档案说明

1963 年，浙江电网输变电设备管理范围划分图，明确了嘉兴供电局电力设备管辖范围。

到 20 世纪 90 年代末，嘉兴五县（市）两区各建成一座 220 千伏变电站，形成 7 座 220 千伏变电站组成的嘉兴电网主网架，标志着嘉兴电网建设的一个新突破。这一切的背后，离不开充足的电源点建设。嘉兴电网主网架东接上海，西接杭州，内连秦山核电站、嘉兴发电厂，成为全省 220 千伏电网的重要组成部分。这也意味着，嘉兴地区电源点建设达到了新的历史水平。外来电源通过大电网，送来源源不断的电能，极大地支撑了嘉兴电力的输电线路建设、变电站建设以及网架建设。

2002 年 5 月王店变电站投产，嘉兴电力从此跨入超高压时代（至今境内已拥有 500 千伏变电站 5 座，王店变电站、汾湖变电站、由拳变电站、翔云变电站、洪明变电站），从而更加有力地加强了嘉兴电网与外来电源点的连接。嘉兴也因此成为华东电网重要的南北通道。如今嘉兴电网网架已臻完善，浙江、上海、杭州等地电源通过坚强电网输入嘉兴，嘉兴大电网供电格局已经奠定，电源供给充沛，电网坚强，牢牢守护一方光明。

第四节　秦山核电站铸就丰碑

秦山核电站选址在嘉兴，对嘉兴电力工业发展而言，像是布局了一颗关键的棋子。棋子落定，华东电网及浙北电网有了大电源点的支撑，为这一地区的经济飞速发展，打下了坚实基础。

1. 从"728"工程到秦山核电工程

从中国酝酿发展核电始，到秦山核电站建成，历经了三十多年坎坷曲折。早在 1955 年，国家制定的《1956～1967 年原子能事业发展规划大纲（草案）》指出："用原子能建立发电站是动力发展的新纪元，是有远大前途的""在我国今后 12 年内需要以综合开发河流，利用水力发电和火力发电为主，但在有利条件下亦应利用原子能发电，组成综合动力系统"，这番远见最终得到了历史的验证。

1970 年 2 月春节前夕，上海出现电力供应不足，造成工厂减产停产，引起了中央领导人的高度关注。周恩来总理在北京听取上海市领导汇报时明确指出："从长远来看，华东地区缺煤少油，要解决华东地区用电问题，需要搞核电"。同年 2 月 8 日，上海市传达周恩来关于研制核电站的指示精神，正式启动核电站筹备事宜，代号"728"工程。11 月，周恩来总理在听取有关"728"工程情况汇报时，进一步提出四条原则：安全、适用、经济、自力更生。并要求组织人员力量对该工程进行论证，具体方案可以"百花齐放"。

周恩来总理对核电建设的多次指示、批示与重要谈话，为中国核电开发确定下了基本原则，为核电健康发展指明了方向，奠定了基础。

"728"工程于 1974 年开始进入核电站设计阶段，在 6 个承担设计任务的设计单位中，上海核工院作为总体设计院，在参考美国西屋公司有关资料基础上，自主研发了秦山核电站设计方案。经反复勘察论证，"728"工程最终选址在浙江省嘉兴市海盐县的秦山。1982 年 12 月，核工业部命名 30 万千瓦核电站为核工业部秦山核电厂，"728"工程也正式更名为秦山核电工程。次年，秦山核电一期工程立项。1985 年 3 月 20 日，秦山核电站工程核岛主厂房底板浇筑第一罐混凝土，标志着秦山 30 万千瓦核电建设主体工程正式开工。

秦山核电一期建设进入全面调试阶段后，取得了六个一次成功的佳绩：一回路水压试验一次成功，非核蒸汽冲转汽轮机一次成功，安全壳强度和密封性试验一次成功，首次核燃料装料一次成功，首次临次界试验一次成功，首次并网发电试验一次成功。

1991 年 12 月 15 日 0 时 15 分，秦山核电一期 30 万千瓦机组正式并网发电，结束了中国大陆地区无核电的历史，它也成为我国第一座自主研究设计、自主建造调试、自主运行管理的核电站，是新中国核工业与电力工业发展的重要成就。

这一时期还出现了一段小插曲，并网发电后仅 15 天，我国便与巴基斯坦签订了建造同样堆型的两台 30 万千瓦机组合同，实现了向国外"原装"出口核电机组，创造了当时国内单项工程出口资金最大、科技含量最高的纪录，从而开创了中国核电"走出去"的先河。由秦山核电负责调试运行的巴基斯坦恰希玛核电基地 4 台 30 万千瓦机组目前已投入运行。

1983 年 12 月，核电专家与嘉兴市领导一起研究有关
核电站建设问题。（图片来源嘉兴电力志）

1985 年 8 月，建设中的秦山核电站一期工程主厂房。（图片来源嘉兴电力志）

1985 年建设中的秦山核电站一期工程主厂房夜景。（图片来源嘉兴电力志）

2. 秦山核电站起帆远航

秦山核电站一期还在全面建设时，二期工程就已经提上来日程。早在 1986 年 1 月 18 日，国务院常务会议批准建设秦山核电站二期工程，次年获批立项。1994 年，秦山核电站一期实现商业化运行后，秦山核电站二期建设也开始绸缪。秦山核电站二期工程是国家"九五"期间唯一采用"以我为主、中外合作"方式建设的国产化核电项目，其两台 60 万压水堆机组，是中国自主设计、自主建造、自主管理、自主运营的首座大型商用压水堆核电站。它成功地吸收、借鉴了国内外核电设计、建造的先进经验，选用两个环路，每个环路 30 万千瓦，按照国际标准设计建造并取得了成功，为此后自主设计、建造百万千瓦级核电站奠定了基础，有力地推动了中国核电建设国产化、标准化、系列化的进程。

1997 年建设中的秦山核电二期工程主厂房。（图片来源嘉兴电力志）

1998 年 11 月 10 日，秦山核电二期 1 号反应堆整个吊装，
1 号反应堆实现封顶。（图片来源嘉兴电力志）

　　1998 年 6 月 8 日，秦山三期开工建设。它是中国和加拿大两国迄今为止合作的最大项目，同时也是我国首座商用重水堆核电站。电站采用加拿大坎杜 6 重水堆核电技术，建造两台 700 兆瓦级核电机组，设计寿命 40 年，设计年容量因子 85%，每千瓦造价 1791 美元。2003 年 7 月 24 日，比中加主合同工期提前了 112 天全面建成投产。

　　随着第九台机组投入商业运行，秦山核电站总装机容量达 660.4 万千瓦，年发电量 500 亿千瓦·时，成为全国乃至全世界特有的核电机组数量最多、堆型品种最丰富、装机容量最大的核电基地，实现了中国核电从无到有、从小到大、自主发展的历史性跨越。30 多年间，秦山核电站已成为我国核电行业取之不尽、用之不竭的核电技术和文化宝藏，以其厚重的底蕴、独有的经历、丰富的经验、规范的标准，成为中国核电人才培养的典范。不仅如此，跻身"国之光荣"的秦山核电站凭借自身技术优势和成功经验，成为中国核电走出去的先行军，成为新的"国家名片"。

秦山核电站的建成，使得嘉兴地区坐拥一个发电潜力巨大的电源点。秦山核电站不仅为华东电网提供了源源不竭的电力能源，而且对推动嘉兴地区电网的铺展，也起到了巨大推动作用。

第五节　嘉兴发电厂的历史使命

嘉兴发电有限责任公司位于浙江省平湖市乍浦镇原黄山乡境内，紧靠杭州湾北岸的六里湾，西北靠杭申公路，东北距上海市中心 90 千米，西南距杭州市中心 102 千米。在浙江省"火电为主，水、火、核电一齐上"建电方针的指导下，该厂建厂以来，着力实施由水电建设为主向建设大型港口火电厂为主转型发展、努力打造成为长江三角洲火力发电基地之一。

嘉兴发电厂全景

嘉兴发电厂的建设，意味着嘉兴成为火电、核电并重的能源战略要地，奠定了嘉兴市电力枢纽核心地位。

浙江省电力工业局早在 1986 年 8 月 29 日，就组建成立了浙江嘉兴发电厂筹建处，负责嘉兴发电厂的前期准备工作。1990 年 9 月 8 日，国家计划委员会批准嘉兴发电厂项目建议书，同意嘉兴发电厂规划容量按 240 万千瓦考虑，是国家"八五""十五"计划期间重点建设工程。是年 11 月 17 日，浙江嘉兴发电厂筹建处更名为嘉兴发电厂（筹），负责嘉兴发电厂一期工程的建设管理及生产准备工作（厂筹合一）。1991 年 3 月，能源部电力规划设计总院以《关于嘉兴发电厂工程可行性研究报告审查意见的函》正式提出审查意见，同意浙江省平湖县乍浦六里湾为嘉兴发电厂厂址。

1991 年 4 月 28 日，嘉兴发电厂一期工程陆上试桩。11 月 15 日，国家计划委员会批复嘉兴发电厂一期工程可行性研究报告，同意建设嘉兴发电厂，规划容量为 240 万千瓦，一期工程建设规模为 60 万千瓦，安装 2 台 30 万千瓦国产燃煤机组，工程总投资 13.8 亿元，由国家能源投资公司与浙江省合资建设，双方分别承担总投资的 30% 和 70%。1992 年 3 月 31 日，一期工程完成主厂区征地签约。

嘉兴发电厂一期工程于 1992 年 12 月 22 日举行开工典礼，浙江省省长葛洪升、能源部副部长史大祯等领导出席。翌年 7 月 15 日，1 号锅炉钢结构开始吊装。12 月 25 日，2 号锅炉钢结构开始吊装。1994 年 5 月，嘉兴发电厂一期工程被国家计划委员会列为国家"八五"计划重点建设项目。1995 年，该工程 2 台 30 万千瓦机组投运，为嘉兴成为浙江北部乃至华东地区重要电源基地奠定了基础。1996 年 5 月 8 日，1 号 30 万千瓦机组通过了华东电网基建移交生产达标预检查，成为华东电网内第一台和全国第二台 30 万千瓦达标投产机组。1996 年 9 月 11 日，2 号机组通过电力工业部基建移交生产达标验收，以总分 449.74 的成绩，荣居当年全国达标机组榜首。

实际上，从全国范围来看，当时电力乃至能源供应紧张是带有普遍性的。这一时期，浙江省委、省政府十分重视浙江的能源安全，并曾多次专题部署能源尤其是电力保障工作。早在 2001 年就基于浙江经济发展的需求，要求有关方面自筹资金，先期开展了嘉兴电厂二期、桐柏抽水蓄能等一批大电源点项目，并加快了宁海、乐清、兰溪、玉环等一大批电厂的前期准备工作。

与浙江省委、省政府的部署相呼应的，则是 2003 年确定的浙江新一轮的电力建设目标。按照当时的规划，在之后的 5 年时间里，浙江要以"3 个 1000 万"缓解用电矛盾，即建成 1000 万千瓦装机容量的电厂、开工建设 1000 万千瓦电厂和开展 1000 万千瓦电厂的前期准备工作。嘉兴发电厂二期 3、4 号机组先后于 2004 年 4 月 21 日、10 月 27 日首次并网发电成功。次年 2 月 5 日、7 月 30 日，5、6 号机组分别首次并网发电成功。10 月全部建成投产。作为浙江省"百亿"工程的嘉电二期工程，首台机组从锅炉钢结构安装开工到投产的时间为 22.5 个月，4 台机组分别比原安装合同提前 235 天、249 天、291 天、317 天投入商业运行，创造了浙江省内 60 万千瓦机组连续施工的新纪录，圆满完成机组达标。嘉电二期工程也因此荣获"中国电力行业优质工程"称号和全国最高建筑奖项"鲁班奖"，为缓解当时浙江用电紧张形势起到了很大的作用。

习近平同志曾经先后两次莅临嘉兴发电厂指导工作。2002 年，习近平同志刚到浙江工作时，浙江的能源问题突出，全省电力只能满足需求的三分之二左右，用电缺口巨大，煤炭供应常常得不到保障，天然气也刚刚从零起步。为了解决全省能源供应保障问题，习近平同志多次深入基层、企业开展调研。

2003 年 2 月 19 日，习近平同志在调研浙能集团嘉兴电厂建设项目时，提出了解决电力严重紧缺问题的思路："把解决电力短缺问题同调整优化产业结构、技术结构和产品结构有机结合起来，淘汰落后产能""抓好节电技术和设备的推广应用，提高能源利用效率，做好节能文章，努力创建资源节约型社会"。这些思路，一针见血地指出要强化节能措施，通过产业、技术、产品结构优化升级，提升能效，提高发展的质量和效益。这一决策战略，对嘉兴电厂乃至嘉兴电力发展都有高屋建瓴的指导价值。

2004年7月26日，习近平同志在调研嘉兴电厂建设项目时强调"从长远看，我们还要考虑电力结构的调整，要大力发展清洁能源，如天然气发电、核电、水电、风电，还有利用潮汐发电等"，进一步提出了发展能源多元供应体系的要求。

嘉兴电厂二期的顺利完工，象征着嘉兴的电力建设按下了未来新能源多元发展的按钮。打铁还需自身硬，嘉兴发电厂从筹划到一、二期工程先后完工，在历史的关键节点上，横空出世，缓解了浙江省用电紧张形势，奠定了嘉兴"火、核"并重的能源战略要地及电力核心枢纽地位，为嘉兴电力工业未来的发展，打下了良好的基础，注入了一剂强心剂。

第六节　新能源发电的探索

党的十八大以来，习近平总书记站在全局高度谋划我国能源结构与可持续发展的关系，逐渐形成我国能源供给革命的顶层设计。这些年来，嘉兴电力抓住能源供给革命发展机遇，积极建立多元供应体系，多种新能源发电模式齐头并进，逐步建设成为光伏发展重地，并在海宁建成全国首个城市能源互联网。

在新能源发电的历史潮头上，嘉兴电力紧扣时代脉搏，探索永不止步。

1. 嘉兴成为光伏发展重地

在新能源战略转型和新一轮电力改革背景下，嘉兴抓住历史机遇，一跃成为光伏发展重地。

嘉兴夏墓荡光伏电站

档案类型：照片档案　　保管期限：永久

档案说明

2016 年 12 月 19 日，历时 2 个月的建设，位于嘉善陶庄夏墓荡的渔光互补项目正式竣工投产，并开始并网发电。这个渔光互补项目是目前嘉兴市最大的光伏项目，整个面积有一千七百多亩，相当于三个南湖大小，水上发电，水下养鱼。该项目投产后，预计年发电量近 6765 万千瓦·时，项目运行后每年可替代标煤 61.6 万吨，相应减少二氧化硫排放 4.14 万吨，二氧化碳 161.4 万吨，一氧化碳 2.39 吨，氮氧化物 2.45 万吨。

早在 2012 年，嘉兴市就是国务院批准的长江三角洲先行规划、先行发展的 15 个城市之一。作为浙江省政府光伏产业"五位一体"创新综合试点地区，嘉兴市所辖的城区——秀洲获得了建设省级光伏高新技术产业园区的资格。嘉兴市专门在秀洲区开展光伏产业综合试点，光伏小镇规划面积 2.9 平方公里，建设面积 1.99 平方公里。在发展中，光伏小镇融入"处处有光伏、家家用光伏、人人享受光伏"的理念，抓好高端项目招引，积极引进总部型、研发创新型、服务型企业，做大、做强光伏产业基地。它的顺利运营，对嘉兴电力新能源发展而言，是振奋人心的鼓舞。

经过几年的发展，秀洲光伏小镇已逐渐成为国内光伏产业集聚新高地。小镇引进和培育了阿特斯集团、上澎太阳能等知名光伏组件企业，福莱特集团、瑞翌新材料等配件企业，韩国奥瑟亚 OCI 公司等运维企业，以及嘉兴鉴衡检测中心、朗新新耀－阿里巴巴光伏云平台等检测单位，使其成为名副其实的全国光伏产业高地。在没有任何可参考、可借鉴的情况下，嘉兴逐步走出了一条以应用带动产业、以创新推动发展的新路。

嘉兴市光伏小镇一隅

档案类型：照片档案　　保管期限：永久

档案说明

2012 年 12 月，浙江省批准秀洲区开展光伏产业综合试点，随着一个个光伏项目的落地，为光伏小镇的发展奠定了基础。小镇规划面积 2.9 平方公里，建设面积 1.99 平方公里。

2014 年 7 月，嘉兴电力建成了全国首个分布式光伏发电并网信息采集及运行监控系统，建立信息化的分布式光伏信息统计和监测体系，在国内率先实现了对分布式光伏发电区域性调度控制。该平台通过县（市、区）电力公司数据与每个光伏电站进行数据对接，建立地县一体化分布式电源可视化台账，将光伏项目建设规模、所属区域、接入线路、项目业主（或运营商）、设备概况等信息通过自动生成关联图等图形的方式进行展示，及时观察每个光伏余电并网的发电企业的发电情况，对电站进行健康指数测评，并进行效益分析，通过对电站的评估，积极跟进余电并网后的服务，为企业提供专业指导意见。

目前光伏已成为嘉兴发展最快的新兴产业之一。光伏屋顶、光伏路灯、"渔光互补""农光互补"，各类光伏应用在嘉兴早已不再是新鲜事。截至 2020 年底，嘉兴地区光伏装机规模 267.1 万千瓦，其中分布式光伏 234.1 万千瓦，光伏电站 33.0 万千瓦。在嘉兴市光伏建设资源及发展规划中，嘉兴的分布式光伏装机容量将继续勇攀高峰，为全国贡献了分布式光伏发展的"嘉兴模式"。绿水青山就是金山银山，太阳能乃是大自然给人类的最慷慨的赠礼，如今，通过一片片湛蓝的光伏板，清洁的太阳能得以为我们所用，为我们造福。嘉兴市光伏发展重地的角色，必将在新能源发展史上占据一席之地。

2. 多种新能源齐头并进

2015 年，嘉兴市发布《关于推进我市新能源发展的初步思考》，着重指出：风力发电技术成熟，开发成本与太阳能相近，应充分利用我市的海域资源，积极推广风力发电应用，建设以海上风电为主、陆上风电为辅的风能应用体系。2014 年 12 月 25 日，在海盐县经济开发区杭州湾大桥新区，嘉兴市首个风力发电站——海盐风电场项目正式投运发电。该项目动态总投资 36 255 万元，安装 2.0 兆瓦/115 风力发电机 20 台，总装机容量 40 兆瓦。

海盐风电场建成后，每年上网电量约为 8640 万千瓦·时，每年可为国家节约标准煤 2.84 万吨，每年可减少二氧化碳排放 7.89 万吨、二氧化硫排放 573 吨、氮氧化物排放 229 吨，减少灰渣 11 427.5 吨。风能发电给嘉兴环境带来了实实在在的好处。2016 年 1 月 6 日，110 千伏中广核海宁尖山风电场成功送电，风电场位于海宁尖山新区最南端的海塘边，由 20 台 2 兆瓦风力发电机组成，总装机容量 40 兆瓦。在挖掘风能发电潜力的道路上，嘉兴电力人一步一个脚印，坚定从容。

110 千伏中广核海宁尖山风电场

档案类型：照片档案　　保管期限：永久

档案说明

2017 年 3 月 18 日，总投资约 55.82 亿元的浙能嘉兴 1 号海上风电项目正式开工，风电场装机规模为 300 兆瓦，是目前浙江装机规模最大的海上风电项目。

大唐集团在浙江省第一个新能源项目——110 千伏大唐风电场也于 2017 年 3 月 18 日正式投产，该项目地处平湖市独山港镇，装机容量 32

兆瓦，共 14 台机组。到 2021 年，浙能、华能海上风电将陆续接入嘉兴电网，风电场装机规模将要突破 100 万千瓦。以上项目建成后，嘉兴市每年可节约标煤 76 万吨，减少排放温室气体二氧化碳 170 万吨，减少排放二氧化硫 14 913 吨，对环境保护、优化区域能源结构和推动地方经济可持续健康发展具有重要意义。

绿色发展模式对嘉兴电力起到了新一轮促进发展的推动作用。与此同时，在氢能产业领域，嘉兴也获得了多项新进展。2019 年 2 月份，嘉兴市嘉善县发布《嘉善县推进氢能产业发展和示范应用实施方案（2019－2022 年）》，致力于将嘉善打造成为长三角一体化区域氢能与燃料电池产业基地。与高屋建瓴的战略眼光对应的，是脚踏实地的行动力。同年 3 月，美锦能源与嘉兴管委会签署合作框架协议，该公司拟在嘉兴市秀洲区投资建设美锦氢能汽车产业园，规划投资 100 亿元。紧接着在 5 月份，总投资达 8 亿美元的美国空气产品公司海盐氢能源及配套产业园基地项目落户嘉兴海盐县，项目将填补嘉兴在氢气制储运、加氢站设备等产业链环节上的空白。目前，嘉兴市已形成从氢气制储运、加氢站、氢燃料电池系统到氢能源汽车的完整产业布局，拥有德燃动力、爱德曼、美锦能源等一批国内知名的氢能源相关企业。

在生物质发电领域，嘉兴有了崭新开始。2020 年 11 月，国网嘉兴综合能源有限公司与秀舟纸业联合推动的生物质发电项目顺利并网。该项目以秀舟纸业在瓦楞纸生产污水处理环节中产生的大量的生物质气（沼气）为燃料，通过直燃发电技术变废为宝，产生绿色电力。投产后，年发电量预测可达 921 万千瓦·时，预计为公司带来 613 万元的营业收入。此外，转化中产生的蒸汽也免费用于生产，每年为企业节省 80 万元。多种新能源不仅给当地带来绿色清洁环保，更能够带来实实在在的经济效益。

嘉兴电力正在用事实证明，多元化新能源齐头并进发展，将成为未来电力发展的重要方向，潜力巨大，用武之地不可限量。

3. 打造城市能源互联网

2019 年 8 月，全国首个城市能源互联网在海宁建成。该项目以坚强智能电网和电力物联网为基础，以电为中心，实现"四个整合"（清洁能源、低碳建筑、智慧用能和绿色交通）+"一个平台"（城市综合能源服务平台）+"五种服务"（清洁能源、建筑节能、供需互动、智慧用能和绿色交通）。项目涵盖智能电网建设运维、综合能源关键技术研究、综合能源服务平台建设、分布式能源、建筑节能、绿色交通、储能等七大重要领域，成功打造以主动配电网为核心，源网荷储充协调发展，试验交直流混合配电网，建成电力无线专网全覆盖，有效实现高密度新能源就地消纳。

根据权威部门 2018 年发布的《中国城市能源变革指数》，城市能源变革综合评价排名最高的城市依次是北京、上海、深圳、杭州、苏州、嘉兴、南京、成都、天津、厦门。嘉兴超过诸多大城市位居第 6 位。嘉兴凭借着位居长三角城市群，以及上海大都市圈、环杭州湾大湾区核心城市等地利优势，着力发展光伏、风电、氢能等新能源，可以说已成为建设新能源城市的样本。在打造新能源城市样本的过程中，嘉兴海宁成为浙江省城市能源互联网深化应用示范区，集中体现高弹性电网功能元素的协调运作。海宁充分挖掘技术优势，开展特色实践，打造未来能源互联形态实景。通过共建共享，构筑能源生态圈，将分散的业态，通过能量流、信息流、价值流"三流合一"，形成多方互利共赢的良好生态。能量流成为安全高效的物理基础，发电企业高效清洁利用能源，共同承担安全调节功能，参与市场化互动；能源传输企业公开公平公正地优化配置资源，提供安全高效智慧的能源服务；能源用户通过多种形式参与互动，共同促进系统安全和能效提升。

信息流成为互通感知的数据纽带，通过大数据、大平台推动能量的数字化和透明化，政府携手各个主体建设能源大数据中心，推进能源治理信息共享。价值流成为社会能效优化的引导罗盘，政府部门为可中断、可调节负荷、抽水蓄能电站、电化学储能、新能源配额、分时电价优化等领域出台政策机制，实现价值共创共享；推进辅助服务市场建设及区块链技术应用，保障价值分配，还原电力商品属性。

社会各界形成价值共生，促成综合能效提升，这正是城市能源互联网的价值与意义所在。

"夫风生于地，起于青蘋之末"，嘉兴电力发展至今，与社会发展最前沿、科技最前沿、能源战略最前沿，开始了深度融合。嘉兴电力人必将勇迎挑战，继续发扬传统，披荆斩棘，直挂云帆，长风破浪。

第三章　嘉兴电网发展变迁

第一节　变电站进阶之路

嘉兴地区变电站经历了从无到有，从低压到高压、再到超高压等级的漫长变迁，不仅见证了嘉兴电力的发展壮大，更是为嘉兴电网提供了可靠而坚强的电源点，起到了无可替代的电力枢纽作用。它犹如保卫嘉兴千家万户光明的守护者，无声无息，却坚守着光明初心。

下面是嘉兴第一座变电站统计表。

电压等级（千伏）	变电站名称	建成时间	备注
500	王店变电站	2002 年 5 月	
220	南湖变电站	1977 年 12 月	
110	嘉兴变电站	1961 年 7 月 14 日	
35	长安变电站	1957 年 7 月	

1. 从无到有，嘉兴变电站初兴

1912 年，嘉兴永明电灯公司成功发电，给嘉兴市区带来第一缕电力曙光。发电机组发出轰隆声响，滋滋电流顺着输电线路输送到附近的工商户或者富户人家。输电线路架设在木杆之上，像琴弦沿街边错落舒展，那时的线路电压等级只有 220 伏或是 380 伏。因为输送距离短、电压等级低，并不需要变电站转送，供电范围也就在方圆几千米范围内。嗣后，嘉兴各县镇也陆续兴办电厂，其输电模式与永明电灯公司大同小异。早期嘉兴各县集镇的电厂，基本上都是"自供""自用"的格局，输电线路交织而成的区域配电网，规模仅占一隅。

涉及远距离输电时，原有"低压、直配"的输电模式就无法适用了，必须有变电站在其中充当枢纽。1936 年 12 月，嘉兴郊区新塍镇 16.5 千伏变电站投产，宣告嘉兴有了第一座变电站，也意味着嘉兴开始有了远距离输电线路。该变电站的电源是从苏州盛泽镇远送而来，当时苏州电气厂乃发电巨擘，输电线路已四面发展，电流南经吴江平望而抵盛泽，再由盛泽镇输送到嘉兴新塍镇，成功实现与嘉兴地区的输电连接。嘉兴从此出现了 2.3、6.6、16.5 千伏等不同电压等级的配电网，对嘉兴电力发展起到了积极促进作用。此条 16.5 千伏输电线路奇迹般熬过了抗战时期，却在中华人民共和国成立前因种种缘故，最终被拆除。

新中国成立后，嘉兴电力逐步走上了统一计划管理的发展之路。公私合营和地方国营电厂快速成长，照明用户快速发展，电力排灌等需求日益增加，如久旱渴盼甘霖，嘉兴电力发展迎来了一个契机——嘉兴市第一座 35 千伏变电站，长安变电站落成投产，实现了嘉兴电网与杭州电网的连接。

嘉兴第一座 35 千伏变电站——长安变电站

档案类型：照片档案　　保管期限：永久

背景介绍

自 1957 年 7 月，杭州电网通过 35 千伏杭（州）海（宁）线向嘉兴市第一座 35 千伏长安变电站供电，嘉兴市 35 千伏电网和 10 千伏配电网开始起步。1958～1960 年，杭州 35 千伏电网延伸至海宁县硖石变电所、嘉兴市区东马桥变电所、海盐县欤城变电所，形成了以杭州电网为主电源的 35 千伏跨地区电网。

35 千伏长安变电站于 1957 年 7 月建成。一期工程安装一台 1.8 万千伏·安主变压器，35 千伏单母线接线采用木支架露天布置，另有两回 35 千伏进出线，三回 10 千伏出线。它所接电源是杭州艮山门电厂，两者经过 60 余千米的 35 千伏杭海线贯通。这条线路历史意义非凡，它是浙江全省第一条 35 千伏线路。35 千伏长安变电站建成后，有力推动了嘉兴地区 35 千伏电网和 10 千伏配电网的建设，对嘉兴排灌电力供应起到了电力支撑作用。到 1990 年之前，嘉兴相继有数十座 35 千伏变电站拔地而起，另有嘉兴化肥厂变电站、民丰造纸厂变电站等 35 千伏用户变电站建成投入使用。以上变电站的建设，促进了嘉兴地区 10 千伏线路的发展，进而形成了覆盖嘉兴各县镇的 10 千伏配电网。

2. 嘉兴变电站与南湖变电站

1961 年 7 月 14 日，在嘉兴市城北路与东升路交叉口（原三官堂），屹立而起了一座变电站，这就是嘉兴首座 110 千伏变电站——嘉兴变电站。它首期安装了一台容量为 1.5 万千伏·安的主变压器，共有 1 回 110 千伏进线，3 回 35 千伏出线，以及 5 回 10 千伏出线。电源由 110 千伏半（山）嘉（兴）输电线路从杭州半山发电厂引入。110 千伏嘉兴变电站的顺利投产，扮演了月下老人的角色，嘉兴电网从此与浙江电网成功"牵手"，融入了浙江电网大家庭。同年 9 月，半嘉线支接 110 千伏石门变电站，形成"两变一线"的 110 千伏嘉兴电网。嘉兴市 110 千伏电网初步形成，带动了嘉兴电网步入较快发展时期，35 千伏变电站如雨后春笋般建设起来，进一步推动了全市 35 千伏电网发展。

嘉兴市第一座 110 千伏变电站

档案类型：照片档案　　保管期限：永久

背景介绍

20 世纪 50 年代末，嘉兴的电力不能满足工农业生产发展的需要，嘉兴县人民委员会与浙江省电业管理局协商，决定兴建 110 千伏半嘉输变电工程，把杭州半山发电厂的 110 千伏高压电源直接引入嘉兴。110 千伏嘉兴变电站一期于 1960 年 12 月 12 日破土动工，次年 7 月 14 日，工程竣工投产，安装 1.5 万千伏·安主变压器 1 台，110 千伏进线 1 回。

110千伏嘉兴变电站的建立，适应了当时经济发展的需求，它的建成基本满足了嘉兴县和嘉善县部分地区的抗旱排涝用电需要，电灌面积进一步扩大到95万亩，促进了嘉兴农业生产的发展。自投运至今，它一直是嘉兴地区的主要供电电源之一，为嘉兴市区的经济建设和人民生活提供了源源不断的电能。到1962年末，嘉兴全市各县实现了35千伏联网，组成了以110千伏嘉兴变电站、110千伏石门变电站为主电源的全市35千伏电网。从10千伏配电网到35千伏电网，嘉兴电网实现了进阶。

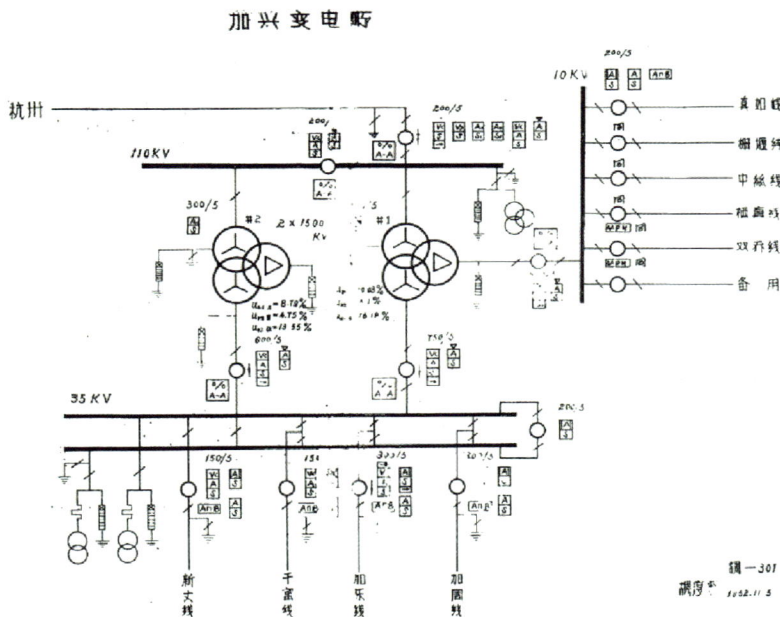

110千伏嘉兴变电所继电保护及自动化配置图

档案类型：文书档案　　保管期限：永久

背景介绍

1961年110千伏嘉兴变电所建成，全部采用国产仿苏型继电保护装置，在主变压器上，首次配装1套电磁式BCH型差动保护，110千伏线路开始采用电磁式距离保护、零序电流保护及自动重合闸装置，35 千伏电源线采用 GG－11 型方向保护，10 千伏馈线使用过电流保护、速断保护和重合闸装置。

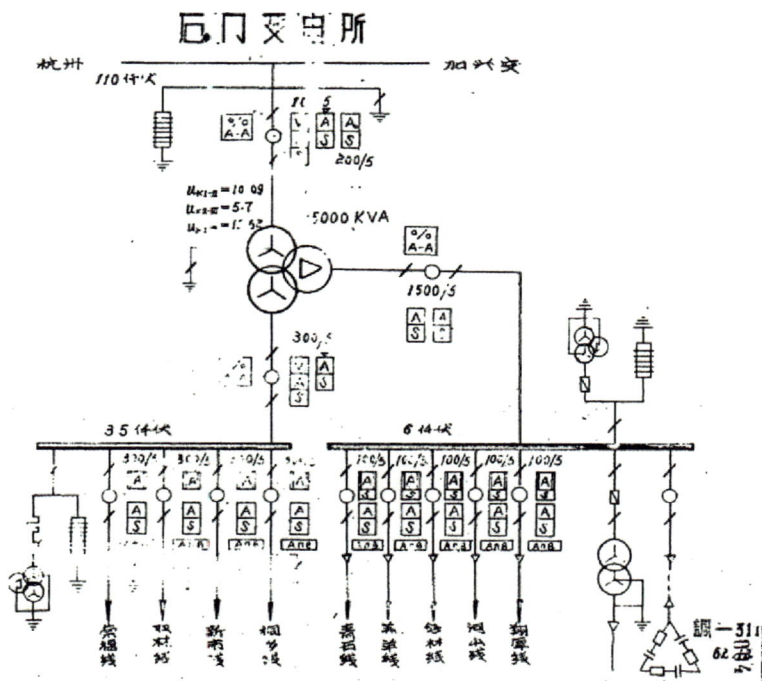

110 千伏石门变电所继电保护及自动化配置图

档案类型：文书档案　　保管期限：永久

背景介绍

1961 年，110 千伏石门变电所至湖州电厂 35 千伏线路上，首次安装电磁式 GH－02 型接地距离保护装置 1 套。该保护结构比较复杂，由省电力中心试验所调试，1970 年开始由嘉兴供电局自行调试。自此以后，在嘉兴电网内普遍使用国产电磁式保护装置。

嘉兴地区电力基本情况

62年9月11日

地区	35千伏			10千伏输电线(公里)	配电变压器		装机容量		机埠(处)	用户数(户)	已送到电站面积(万亩)
	线路(公里)	容量(千伏安)	台		千伏安	台	瓩	台			
全区合计	395.6	60400	28	3818	102268 / 87176	2815	71802 / 11127	4203	2608	32161	372.5
嘉兴	56.2	10200	6	809	26080 / 13620	800	24881 / 1740	1200	603	7800	71
加善	28.2	6400	2	467	10305 / 5165	352	6339 / 392	437	613	2631	67.5
平湖	39	6000	3	350	6641 / 6600	207	3680 / 341	350	206	2500	33
海宁	70.3	9800	4	334	10401 / 10370	152	5772 / 6538	242	151	4000	41
海盐	53	3600	2	270	6740 / 7400	310	4539 / 1856	316	132	1700	33
桐乡	21.4	4600	3	387	10305	233	6306	608	228	2200	40
德清	36	4800	3	350	10000 / 18850	236	6303 / 10587	250	190	2500	26
吴兴	66	15400	4	781	16800 / 1198	706	13583 / 1036	946	355	6850	62
长兴	25	3200	1	130	2100 / 270	39		60	90	2000	14
安吉							152				1

上列数字是根据8月23日各县电力公司经理会议统计。

嘉兴地区电力基本情况

档案类型：文书档案　　保管期限：永久

背景介绍

1961 年，嘉兴电网并入浙江电网，嘉兴地区主要依靠大电网供电。用电范围不断扩大，用电量不断增加。翌年，嘉兴成立全地区统一的供电管理组织，统一电价、统一收费、统一用电政策，全市农村各乡（公社）达到乡乡通电。至 1964 年，全市年用电量首次突破 1 亿千瓦·时。

到 1978 年，嘉兴已经形成了以 35 千伏变电站为电源点、双回路和环形供电、合理布局的 10 千伏配电网。加上之前业已形成的嘉兴地区 35 千伏电网，嘉兴主网网架层次清晰，已经初具规模。

嘉兴市地处长三角中心地带，作为电网枢纽点，在与杭州电网联网，并入浙江电网之后，向北与上海电网连接，也只是时间问题。220 千伏南湖变电站承担了这个历史使命——它成为连接浙江电网与上海电网的枢纽变电站。1977 年 12 月，220 千伏南湖变电站第一期工程竣工投运，选址在市郊十八里桥，总投资 348 万元，占地面积为 32.5 亩，安装一台容量 12 万千伏·安的主变压器，3 回 220 千伏输电线路进出线，3 回 110 千伏出线。220 千伏杭郊线开口环入嘉兴 220 千伏南湖变电站，使南湖变电站与在东北方向的上海西郊变电站、东面的上海金山热电厂、西南方向的杭州变电站连接，成为华东电网浙江省与上海市联络的枢纽变电站，组成了全市"三线一变"的跨地区 220 千伏电网。作为嘉兴第一座220 千伏变电站，220 千伏南湖变电站地位重要，是嘉兴电网的主要供电电源。它的投运，让当时 289 万嘉兴老百姓基本实现了"点灯不用油"的愿望。

220 千伏南湖变电站的建设过程，充分体现出嘉兴电力人认真负责的职业态度。在投运之前，嘉兴变电职工早早开展集中式培训，从设备运行到操作，每个环节都要求吃透，他们还根据实际编制了一套安全规章制度，进行规范化管理。从投产那天开始，南湖变电站就成为区域变电站安全管理的标兵，并逐渐打造成嘉兴变电运维专业人才孵化基地，为嘉兴变电运维培养出了大量人才。进入 20 世纪 80 年代，趁着改革开放东风，嘉兴地区经济发展迅速，用电量需求也开始猛增。1987 年 7 月，嘉兴电力局在海宁县建成 220 千伏双山变电站，该变电站的投运进一步加快了全市 110 千伏电网的发展。至 1990 年末，嘉兴全市已经具备了布局比较合理的 110 千伏电网，输电线路也由单回路向双回路和环形网络发展。

嘉兴第一座 220 千伏南湖变电所

档案类型：照片档案　　保管期限：永久

背景介绍

　　南湖变电所位于嘉兴市郊区大桥乡顾家浜，系为改善浙江电网布局，缓和浙东地区电源缺、电压低、线损大的矛盾而建设的变电所。220 千伏南湖变电所第一期工程于 1974 年 9 月 19 日动工建设，由华东电力设计院设计，嘉兴地区建筑公司土建施工，浙江省送变电工程处安装电气设备。变电所总占地面积 32.5 亩，装 OSFPSL－120 000/220 三相三绕组自耦变压器 1 台，220 千伏输电线路进出线 3 回。一期工程于 1977 年 12 月 28 日投产，总投资 349 万元。该变电所特殊的地理环境使之成为华东电网浙江省与上海市联络的枢纽变电所。

　　20 世纪末，嘉兴电网形成了以下格局：东部以 220 千伏南湖变电站为主电源，包括有连接嘉善、平湖、海盐、嘉兴城区和郊区等 3 县（市）

2 区的 5 座 110 千伏变电站；西部以 220 千伏双山变电站为主电源，包括有连接海宁、桐乡、嘉兴城区和郊区等 2 县（市）2 区的 6 座 110 千伏变电站的 110 千伏电网。其时嘉兴电网以 220 千伏变电站为枢纽，以 110 千伏线路为骨架，以 35、10 千伏线路相配套，构成一张结构较完善，调度较灵活的统一电网。经济要发展，电力要先行，坚强的嘉兴电网在嘉兴社会经济发展过程中扮演了重要角色。

关于嘉兴电力局至南湖变电所特高频通信投产事宜的报告

档案类型：科技档案　　保管期限：永久

背景介绍

1983 年 8 月，南湖变电所微波通信投入运行，形成上海—杭州—乌溪江微波通信电路。微波通信特点是传输容量大、稳定可靠、抗拒自然灾害能力强、不受电力线的制约，可兼容电视信号、远动信号、继电保护、计算机和传真综合信息的传输。当时上海八频道电视台节目，由上海传输经过南湖变电站，送到杭州、金华、新安江和乌溪江等地，嘉兴市首先在崇福变电站开口，将电视信号传送到崇福镇，然后在南湖变电站开口，将电视信号用 SGHZ 小微波传到海宁电视台。

3. 嘉兴进入超高压时代

进入新世纪，华东及浙江电网虽然发电设备增加较多，但仍不能满足经济发展对于负荷增长的需要，缺电较为严重。在这个背景下，秦山核电站二、三期工程及 500 千伏王店变电站配套工程的建设，成为优先解题策略。该工程的实施，对缓和华东及浙江电网的缺电情况，提高能源利用率有着重大作用，同时能够进一步改善浙北电网的能源结构，大大降低煤炭资源的烧耗和环境污染。

在这个思路下，500 千伏王店变电站应时而生。2002 年 5 月，500 千伏王店变电站建成投运，选址于嘉兴市秀洲区王店镇泾桥村。它是嘉兴地区第一座 500 千伏变电站，标志着嘉兴电网迈入超高压时代。它的出现，彻底改变了嘉兴电网 220 千伏网络结构，使嘉兴电网由原来的 220 千伏和 110 千伏主干网架提升到了以 500 千伏和 220 千伏为主干的网架结构。

嘉兴第一座 500 千伏王店输变电工程举行竣工投产仪式

档案类型：照片档案　　　保管期限：永久

背景介绍

2002 年 5 月 18 日，嘉兴电力史上第一个 500 千伏变电站——王店变电站工程竣工投产，工程从开工建设到竣工共历时 293 天。王店变电站的建成改写了嘉兴电网没有 500 千伏变电站的历史，大大优化嘉兴地区的 220 千伏电网网架结构，缓解了嘉兴地区用电紧张的局面，同时也满足秦山核电二、三期工程及嘉兴电厂二期工程电源送出和接入电网系统的需要，使嘉兴电网一跃成为整个华东电网的电力枢纽。

随着华东地区尤其是长江三角洲区域经济迅猛发展，电力作为经济发展引擎的需求十分旺盛，上海、浙北成为华东电网的受电主体。从地缘格局来看，500 千伏王店变电站成为上海、苏南、浙北、皖南长三角都市群为中心的 500 千伏主环网格局的关键站点。王店变电站不仅是秦山核电站清洁能源送出的关键节点，还是华东电网核心上海电网的南通道，担负着华东电网东电西送、南电北送的枢纽使命。福建电网、安徽

国网嘉兴供电公司历年变电站受电容量图

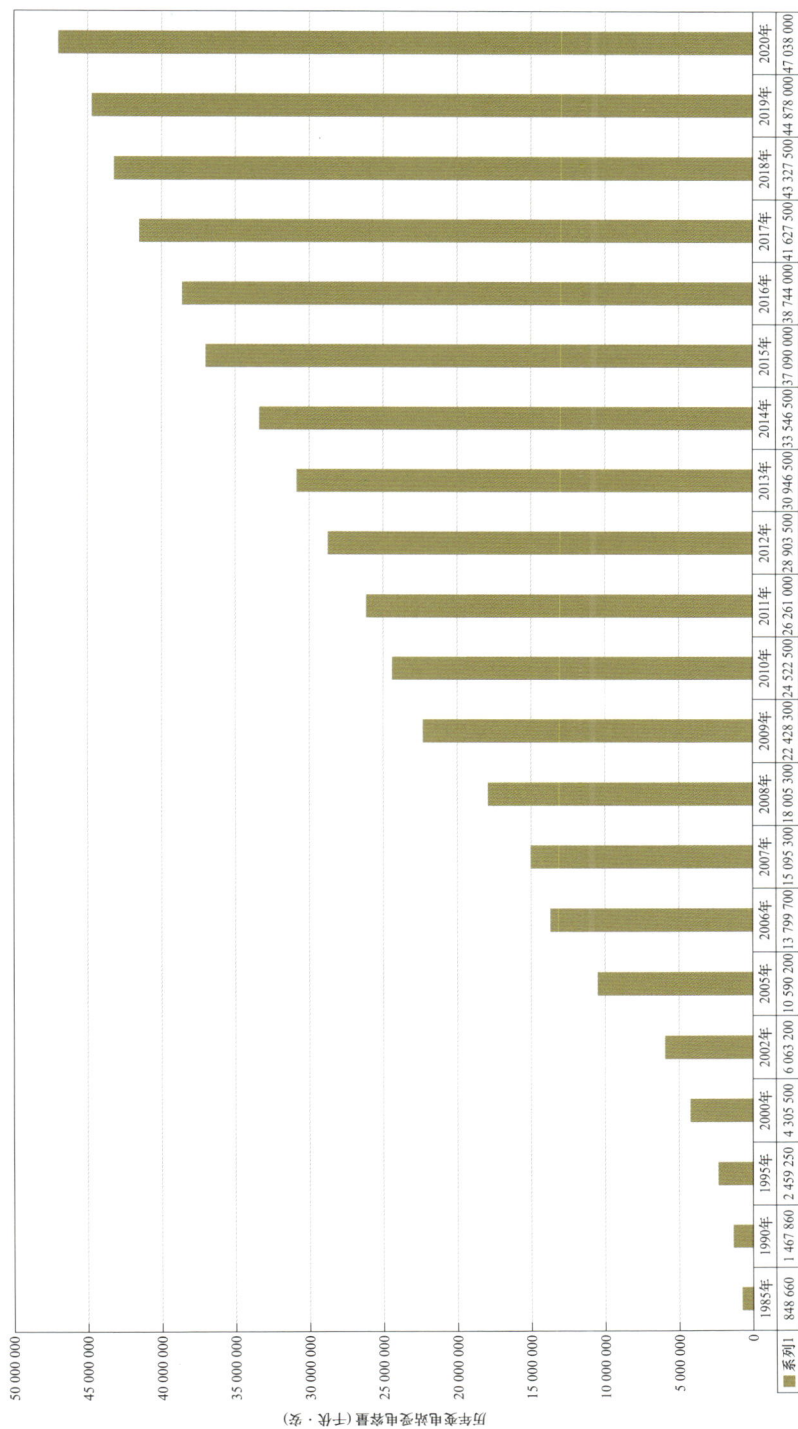

历年变电站受电容量（千伏·安）

系列1

	1985年	1990年	1995年	2000年	2002年	2005年	2006年	2007年	2008年	2009年	2010年	2011年	2012年	2013年	2014年	2015年	2016年	2017年	2018年	2019年	2020年
系列1	848 660	1 467 860	2 459 250	4 305 500	6 063 200	10 590 200	13 799 700	15 095 300	18 005 300	22 428 300	24 522 500	26 261 000	28 903 500	30 946 500	33 546 500	37 090 000	38 744 000	41 627 500	43 327 500	44 878 000	47 038 000

第三章 嘉兴电网发展变迁

电网、浙南电网、秦山核电通过它向上海电网、浙北电网送电,可以说,500千伏王店变电站的兴建,为长三角区域经济发展注入了强劲的"电动力"。它的建设与投运,不仅为嘉兴地区带来了充沛的电源供应,还实现了嘉兴电网220千伏分层分区运行方式,基本解决了嘉兴电网220千伏网架三相短路稳定问题,大大强化了嘉兴电网的网架结构,显著提升了嘉兴电网的供电可靠性。嘉兴电网不再受"嘉联三线"稳定限额400兆瓦的困扰,最大供电能力迈过1800兆瓦大关,为嘉兴经济社会的发展和人民生活水平的提高提供了可靠、安全、稳定的电源。

第二节 合脉联网的图景

嘉兴地区的电网建设,从"低压、直配"模式开始,逐渐提升电压等级,35千伏配电网、110千伏配电网……乃至1000千伏安塘线过境嘉兴,嘉兴电网规模越来越大。经过半个多世纪,数代嘉兴电力人的艰苦努力,嘉兴电网如今已经实现"合脉联网"的灿烂图景,为嘉兴社会经济发展提供了源源不断的电能动力。

下面是嘉兴各电压等级第一条输电线路统计表。

电压等级(千伏)	输电线路名称	建成时间	备注
1000	安塘线	2013年9月25日	
500	500千伏葛洲坝——上海直流输电线路±500千伏葛南线	1987年9月27日	
220	瓶南2232线	1977年12月	
110	半嘉1188线	1961年7月	
35	杭(州)海(宁)线	1957年7月28日	

1. 早期配电网的形成

嘉兴电力开端早期，输电线路的电压等级都比较低。嘉兴永明电灯公司为代表的嘉兴各县镇电厂，最开始的线路电压等级均为 220/380 伏低压，输电线路直接到户，即"低压、直配"模式。1919 年，为了扩大供电范围，嘉兴永明电气股份有限公司建成了一条 2.3 千伏配电线路，从而构成了 2.3、0.22/0.38 千伏两个电压等级的嘉兴市区配电网，电网规模虽小，却也基本能够满足供区内用电户们的需求。这条输电线路起于嘉兴市区西河街，终点至南门南大街，全长 2.5 千米，途经市区繁华地段。此线路建成后，嘉兴地区的配电网电压等级达到了 2.3 千伏，一根根电线木杆塔穿城而过，给嘉兴古城新添了别样风景，着实引来不少关注目光。

1936 年，一条从苏州盛泽镇连接到嘉兴新塍镇的 16.75 千伏线路，经过一路绵延起伏，远赴嘉兴而来，一共架立了 320 基木杆。这是嘉兴地区当时电压等级最高的输电线路，也是在当时很少见的跨地区、长距离、高电压输电线路。后来该线路延伸到新塍镇邻近的嘉兴郊区王江泾镇，供电范围得以扩展。抗日战争时期，嘉兴市各县镇配电网被日军破坏，该线路也遭到一定程度破坏，直到 1948 年 7 月，这条存在了十二年之久的 16.75 千伏线路杆塔才彻底停止供电。

中华人民共和国成立后，嘉兴地区的经济复苏很快，对电力的需求也迅速增加。1950 年 2 月 10 日，燃料工业部发布《关于 1950 年实行发电厂与线路主要电力设备大修及日常检修的通令》，趁此政策东风，嘉兴市修复了不少输电线路，分散各县镇的独立配电网重新焕发生机。除了修复线路，嘉兴电力还把修建新线路提上议程，1952 年，为解决嘉兴郊区军用航空机场的用电，由嘉兴电厂自行设计、施工，架设了一条 6.6 千伏配电线路。该线路从嘉兴电厂内部变电站送出，直达军用机场，从解放路一直延伸到市郊西南方，全长 10 余千米。线路建设期间，嘉兴在中华人民共和国成立后第一代电力工人们在"当家做主"的主人翁精神鼓舞下，干劲十足，热火朝天，线路工程很快就保质保量完成竣工。自此，嘉兴市区形成了 220/380 伏、2.3 千伏、6.6 千伏三个电压等级的配电网。

2. 电网纵贯送光明

1957 年 7 月，嘉兴市 35 千伏海（宁）长（安）输变电工程竣工投产，杭州电网通过 35 千伏杭海线向嘉兴地区第一座 35 千伏长安变电站供电。这条 35 千伏杭海线不仅是从杭州到嘉兴的第一条 35 千伏线路，更是浙江全省的第一条 35 千伏线路。第二年，35 千伏杭海线顺利延伸至海宁县硖石镇，接入 35 千伏硖石变电站，又在同年 7 月延伸至嘉兴市区，接入嘉兴市区第一座 35 千伏变电站——东马桥变电站。在东马桥变电站内，35 千伏杭海线送来的电能经过一台 1800 千伏·安主变压器降压后，通过四条 10 千伏线路，分别送至东栅、城北、凯旋和嘉兴机场，解决了当地的照明用电。此外，该线路还在这一年里，经由东马桥变电站延伸至海盐，把电流送到了 35 千伏欤城变电站。这条"初出茅庐"的 35 千伏杭海线纵贯嘉兴市多个县镇，堪称是嘉兴地区 35 千伏电网建设的开端和主线。

浙江省第一条 35 千伏输电线路杭（州）海（宁）线

档案类型：照片档案　　保管期限：永久

背景介绍

1957 年 7 月 28 日，浙江省第一条 35 千伏输电线路杭（州）海（宁）线，线路从杭州艮山门发电厂到海宁县长安镇，全长 60.5 千米，采用"Ⅱ"型木质双杆，AC－70 型导线，当时这条线路的电压等级和线路长度为全省线路之最。

　　同一时期，一条从 35 千伏长安变电站输送至海宁县许村乡的 10 千伏配电线路也顺利建成完工。该线路长度达到了 20 余千米，杆塔依然是木杆结构。它的成功投产，让嘉兴电力人掌握了长距离架设 10 千伏线路的经验。20 世纪 50 年代末期，正值全国范围内大力推广农村电力排灌，"农业要发展，电力来帮忙"，电力对农业生产的"先行官"作用得到了决策者们的重视。农村用电开始登上舞台，并在元来数十年里不断建设、改造、升级，改写了农村地区的生活景象。嘉兴全市响应上级政策号召，实施多项农村电力排灌工程建设，各县镇陆续架设起 10 千伏配电线路，嘉兴 10 千伏输电网络也在这个过程中快速成型。

　　电网的建设不是修建一条输电线或者一个变电站那么简单，各个电压等级之间要配合无间，同一电压等级线路则要分布合理，形成供电转送配合，其建设绝非一蹴而就。在 10 千伏输电网络快速发展的同期，嘉兴地区 35 千伏输电线路也陆续出现。到 1962 年末，嘉兴全市已有 15 条 35 千伏输电线路互相连接，全市 35 千伏电网初具规模，它的电压等级比 10 千伏更高，可以方便地传输更多的电力能源，再通过下一级 10 千伏电网，传输到嘉兴各县镇的每一个角落。当时嘉兴市 35 千伏电网分为东西两部分：东部以 110 千伏嘉兴变电站为主电源，连接嘉兴新丰、新塍、嘉善、干窑、魏塘、平湖、西塘等 35 千伏变电站；西部以 110 千伏石门变电站为主电源，连接海宁硖石、皇岗、桐乡、梧桐、崇福、海盐、于城等 35 千伏变电站，变电总容量 3.56 万千伏·安，这些 35 千伏输电线路总长度达到了 213.12 千米。在此基础上，从 1978 年开始，嘉兴电力局开展农村电气化建设和城市配电网改造，一手搞建设，一手搞改造，嘉兴城乡电网脉络渐次发展起来。稍后，嘉兴又开展标准化用电合格村和标准化变电站的建设，进一步夯实了嘉兴电力网架，把源源不断的电能输送到了嘉兴各县镇老百姓们的生活里。

3. 环网图景照进现实

嘉兴市第一条 110 千伏输电线路施工现场

档案类型：照片档案　　保管期限：永久

背景介绍

为发展嘉兴农业生产，提高城乡供电能力，1961 年 7 月，110 千伏嘉兴变电站建成投产，电源由 110 千伏半（山）嘉（兴）输电线路从杭州半山发电厂引入，自此，嘉兴电网联入浙江电网。同年 9 月，在半嘉线上支接的桐乡县 110 千伏石门变电站竣工投运。该"两变一线"形成初期的嘉兴 110 千伏电网，变电总容量 3 万千伏·安，输电线路为 81.96 千米。

1961 年 7 月，110 千伏嘉兴变电站建成投产．该变电站是杭嘉湖地区增产粮食计划配套电力工程，电源来自杭州半山发电厂升压站，连接两者的是一条 110 千伏半（山）嘉（兴）输电线路，这也是嘉兴市第一条 110 千伏线路，自此，嘉兴电网的电压等级又跃升了一个等级。110 千伏半嘉线的顺利建成，使得嘉兴电网成功并入了浙江大电网，嘉兴电网从此有了更加可靠的电网外援，也预示着嘉兴电网拥有了更广阔的发展空间。同年 9 月，在 110 千伏半嘉线上支接的桐乡县 110 千伏石门变电站竣工投运。这"两变一线"形成了初期的嘉兴 110 千伏电网，最初变电总容量 3 万千伏·安，输电线路为 81.96 千米。嘉兴 110 千伏电网的发展，提高了城乡供电能力的同时，更是促进了嘉兴的农业生产。

浙江省第一条 220 千伏新安江至上海输电线路，其中嘉兴段 122.86 千米

档案类型：照片档案　　保管期限：永久

背景介绍

1959 年 9 月，浙江省新安江大坝比计划提前 15 个月封堵最后一个导流底孔，水库开始蓄水。1960 年 4、5 月，第一、二台机组提前 20 个月发电，同年 9 月，220 千伏新安江—杭州—上海高压输电线路架通，华东大电网开始形成。

嘉兴市素有"鱼米之乡"的美誉。由于数千年来人类的垦殖开发，杭嘉湖平原在嘉兴境内被纵横交错的塘浦河渠所分割，田、地、水交错分布，形成"六田一水三分地"，是长江中下游一带有名的粮食产地，电力排灌对嘉兴当地农业生产的支撑作用巨大，随着嘉兴电网电压等级不断提升，这种支撑作用愈发明显。1960 年 9 月 28 日，浙江省第一条 220 千伏输电线路投产，它起自新安江水力发电厂，经过杭州、嘉兴，到达上海，新安江至杭州段为新杭 2231 线，杭州至上海段为杭郊 2232 线。该线路投产后最初的十几年时间里，它只是过境嘉兴。嘉兴真正拥有属于自己的第一条 220 千伏线路，还要等到 1977 年 220 千伏南湖变电站建成后，该线开口环入 220 千伏南湖变电站。其中，220 千伏杭州变电站至 220 千伏南湖变电站段名为 220 千伏杭南 2232 线，全长达到 122.861 千米，如远方来客，给嘉兴带来充足的电力供应。接着，220 千伏南湖变电站凭借三条 220 千伏输电进出线，得以与在东北方向的上海西郊变电站、东面的上海金山热电厂、西南方向的杭州变电站连在一起。南湖变成为华东电网浙江省与上海市联络的枢纽变电站，组成了嘉兴市"三线一变"的跨地区 220 千伏电网。嘉兴电网从此与浙江主网及上海电网完全贯通连接，大大增加了供电可靠性，也缓解了电源输入不足的压力。20 世纪 70 年代，当时"备战、备荒、为人民"的战略方针以及党中央的有关指示，要求更好地为备战和夺煤夺粮以及发展"五小"工业、建立小而全的地方工业体系服务，电力工业必须当好"先行官"。

这一时期，农村电气化全面推进，煤炭、化肥、钢铁等工业迎来大发展，国防用电也有较大的增长，电力排灌进一步扩大。为了适应负荷增长，嘉兴地区加快 110 千伏电网向 220 千伏变电站为枢纽、110 千伏线路为骨架、35 千伏和 10 千伏相配套的电网升级。1987 年，浙江省第一座 500 千伏瓶窑变电站建成投产后，杭南 2232 线开口环入 500 千伏瓶窑变电站，不再连接 220 千伏杭州变电站。500 千伏瓶窑变电站至 220 千伏南湖变电站段为 220 千伏瓶南 2232 线，从此杭南 2232 线成为了历史。输电线路的变迁见证着嘉兴电网的变迁，从无到有，从小到大，从疏散零落，到密网如织，背后则是嘉兴老百姓们欣欣向荣的好日子，是嘉兴经济生活水平的不断提升。"十五"期间，嘉兴电网依靠科技进步，完善电网结构，推进 500 千伏电网建设，于 2002 年建成嘉兴第一座 500 千伏变电站——王店变电站。同时加速 220 千伏电网调整与建设，加大 110 千伏电网布局，加大中低压配电网络改造力度。到 2005 年，嘉兴电网基本形成以嘉兴发电厂、秦山核电站为支撑，以 500 千伏王店变电站为依托，从根本上改变了嘉兴既无大电源，又处于浙江电网末端的现状。嘉兴全市就此形成了安全、稳定、灵活、可靠的 220 千伏骨干网架及各县（市）的 110 千伏高压配电网络，发电输得进，供电送得出。

中国第一条 ±500 千伏葛洲坝—上海直流超高压输电线路

档案类型：照片档案　　保管期限：永久

背景介绍

　　±500 千伏葛洲坝—上海输电线路，是连接华东、华中两大电网的中国第一条直流超高压输电线路，全长 1043.6 千米，铁塔 2681 基，西起自湖北省宜昌市宋家坝换流变电站，东到上海市奉贤县南桥逆变站。1987年竣工。1989年9月17日，该线路单极供电，1990年8月5日正式双极送电。该线路2159号塔至2574号塔浙江段线路长142.277千米，由嘉兴电力局运行。

对嘉兴电网而言，220千伏电网作为主干架，已经坚强完善。多条500千伏及1000千伏线路过境，更加凸显了嘉兴市是浙北乃至长三角一带能源战略要地的地位。我国自主设计、建设的第一条±500千伏直流线路工程。线路起于葛洲坝换流站，止于上海南桥换流站，经过浙江时，正是过境嘉兴。嘉兴境内（包括部分江苏境域）路径长度142.217千米，杆塔381基，全部由嘉兴电力局负责运行维护。±500千伏葛南线线路工程于1985年10月25日开工，1989年8月17日开始试运行。后来因为葛沪直流综合改造，±500千伏葛南线于2009年10月12日正式退役，然而它在嘉兴电力发展史上留下了浓墨重彩的一笔。

向家坝—上海±800千伏特高压直流输电线路

档案类型：照片档案　　保管期限：永久

背景介绍

向家坝—上海±800 千伏特高压直流输电示范工程是国家电网公司范围内的首条特高压直流线路工程，是西南水电外送的重要项目，起始于四川省宜宾县复龙换流站，终止于上海市奉贤换流站，工程全长约1906.7 千米，输电能力为 640 万千瓦。±800kV 复奉（向上）线嘉兴局运维段途经秀洲区的王江泾镇、嘉善县的陶庄镇、西塘镇、丁栅镇，运维线路长度 42.748 千米。

无独有偶，全国首条同塔双回路 1000 千伏安塘线经过浙江时，也是在嘉兴市过境。按照协议，嘉兴电力局运维的四段线路，共连接着铁塔128 基，线路长度 61.621 千米。嘉兴电力局于 2013 年 7 月 8 日率先在江浙段内开始线路交接验收，历时近一个月时间，于同年 8 月 6 日圆满完成全部嘉兴运维段交接验收任务。

全国首条同塔双回路 1000 千伏安塘线

档案类型：照片档案　　保管期限：永久

背景介绍

皖电东送 1000 千伏特高压线路工程于 2011 年 10 月开工，2013 年 8 月竣工，完全由我国自主设计、制造和建设。1000 千伏安塘Ⅰ线、安塘Ⅱ线工程名"皖电东送淮南至上海 1000 千伏特高压输电示范工程"，是国家电网有限公司首条同塔并架的 1000 千伏特高压交流线路。嘉兴公司于 2013 年 7 月 8 日率先在江浙段内开始线路交接验收，历时近一个月时间，于 8 月 6 日圆满完成全部嘉兴运维段交接验收任务。

自此，嘉兴电网如登梯踏步，已逐步迈上了各个电压等级的电力网络发展台阶。如今，嘉兴地区已经形成以 500 千伏线路为主干，220 千伏与 110 千伏、35 千伏线路为主要配套，多层次发展的坚强电网。从宏观来看，各电压等级输电线路犹如伸出的触角，连接浙江、上海、杭州等电网网架，成为华东电网重要的南北通道。从微观细查，嘉兴电网开枝散叶，通过多层次结构的环网浑然而成，一眼望去平原之上，合脉联网的图景已随历史之光照入现实。

第三节　围墙里的数智化先锋

早期的变电站，技术和设备一度都从国外进口，发展颇为曲折。随着中国经济水平不断提升，变电站技术和设备都开始实现国产化，变电站的建设也走向了数字化、智能化。嘉兴电力在这些方面的探索，走在了全省乃至全国前列。

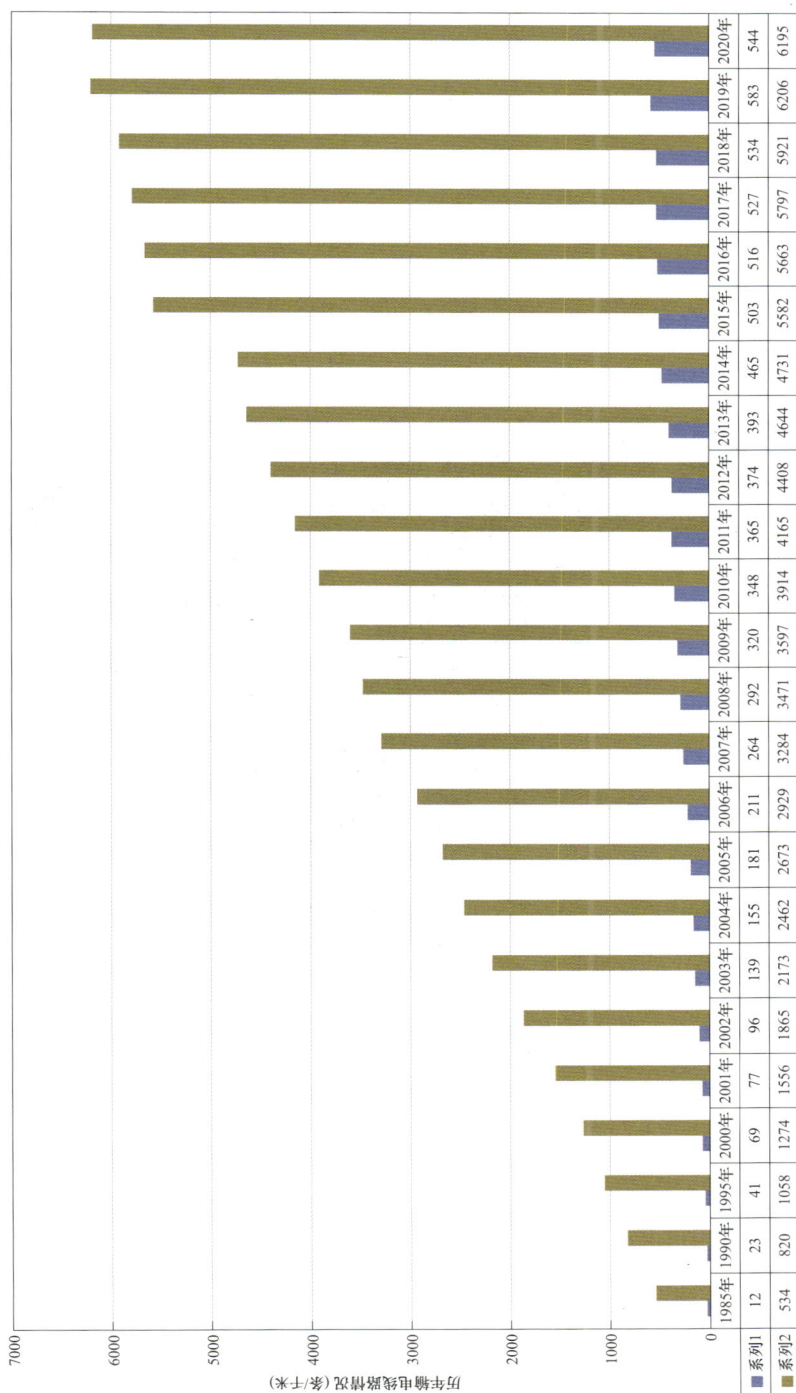

国网嘉兴供电公司历年输电线路发展情况图

	1985年	1990年	1995年	2000年	2001年	2002年	2003年	2004年	2005年	2006年	2007年	2008年	2009年	2010年	2011年	2012年	2013年	2014年	2015年	2016年	2017年	2018年	2019年	2020年
系列1	12	23	41	69	77	96	139	155	181	211	264	292	320	348	365	374	393	465	503	516	527	534	583	544
系列2	534	820	1058	1274	1556	1865	2173	2462	2673	2929	3284	3471	3597	3914	4165	4408	4644	4731	5582	5663	5797	5921	6206	6195

历年输电线路长度（条/千米）

1. 升级：从传统到数字化

1936 年 12 月，嘉兴郊区新塍镇 16.5 千伏变电站投产，那个时期的变电站，并无多少科技水平可言，除了发电机组从国外买来，算得上唯一的技术产品，其余厂房布置乃至输电线路建设，都停留在较低水平。

新中国成立后，变电站的设计越加规范化、标准化，电力从业者们慢慢开发出防误操作装置等关键技术手段，并在变电站内推广使用。直到 20 世纪 80 年代，变电站才开始真正走向自动化、科技化之路。

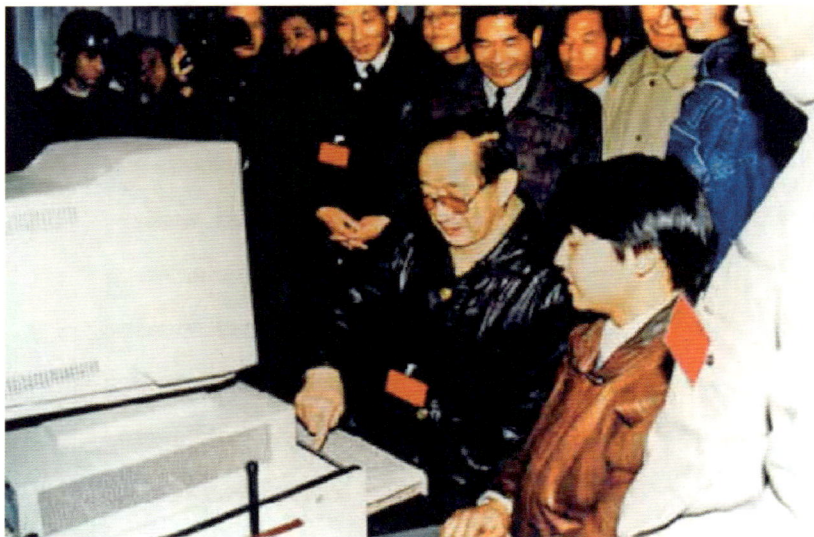

嘉兴市市长杜云昌（前右一）参观嘉兴市第一座
110 千伏综合自动化变电站——城中变电站

档案类型：照片档案　　保管期限：永久

背景介绍

1996 年 1 月，110 千伏城中变电站投产，城中变电站位于市区负荷中心，是嘉兴首座综合自动化变电站，首次采用了遥测、遥信、遥控、遥调四项技术。城中变电站担负着市中心繁华地带的供用电任务。

在对变电站电力科技的探索过程中，嘉兴电力公司始终走在前列，20世纪90年代，随着计算机的广泛应用，自动化装置研发也开始为电力系统所使用，然而自动化技术成熟的时期尚未到来。直到2002年，正值城乡电网升级改造的历史时期，城乡电网建设改造如火如荼，随着电网建设规模的不断扩大，变电运行检修人员紧缺的局面亟需得到解决。为了解决这个问题，嘉兴电力公司开始探求解决方案，逐步推进220千伏变电站的无人化值班改造，试行无人化值班模式，依托高度的自动化代替人工完成工作。同年，嘉兴电力公司还着手开始220千伏集控站建设。2005年，无人值班和集控站建设取得初步成功。嘉兴电网220千伏及以下变电站形成了分层分片管理的集控站运行模式。要想支撑这个模式，必须进行科技升级，从信息的采集、上送到监视、遥控等一系列程序，都要有相应的硬件软件支撑。嘉兴电力公司勇担先锋，大胆尝试变革，在变电站及电网"智能升级"道路上大步迈进。

浙江省首座110千伏全数字化智能控制变电站——田乐变电所

档案类型：照片档案　　保管期限：永久

背景介绍

嘉兴电力在智能电网转型之路上第一次有益的探索，是 110 千伏田乐变电站的建设。2009 年 11 月 29 日，浙江省首座 110 千伏全数字化智能控制变电站——田乐变电站，在嘉兴市王江泾镇田乐村正式投产启动。该变电站是嘉兴电力局首座自行设计、土建施工、电气安装、调试及运行的全数字化变电站。

110 千伏田乐变电站所处的位置，是秀洲区王江泾镇田乐片区。这片区域乡镇企业和家庭小工业发达。在田乐变电站投产之前，这里的供电是由南汇变电站四回 10 千伏线路完成。该区域处于嘉兴电网末端，由于企业众多，小工业发达，该地区线路负荷重、供电半径长，尤其是区域低电压情况较为严重，南汇变电站在负荷高峰期超载现象频繁发生，急需进行增容工作。经过测算，田乐变电站投产之前，此片区正常用电负荷已达到 1.9 万千瓦，到 2008 年底达到 2.2 万千瓦，"十一五"末更是达到 40 兆瓦，负荷发展十分迅速。供电能力已经成为限制当地经济发展的瓶颈和短板，影响田乐当地的经济发展及居民生活。

为了彻底解决上述问题，嘉兴电力公司启动建设了 110 千伏田乐变电站。建成后极大地缓解了南汇变电站的供电压力，合理划分两变电站的供电区域，解决了线路末端低电压的问题。然而，110 千伏田乐变电站并非传统型变电站，它集高起点、高标准、高科技于一身，是嘉兴市同时也是浙江省第一座具有节能型、环保型、数字化等特点的 110 千伏变电站。所谓数字化变电站，指的是变电站内的信息全部实现数字化，信息的传递则实现网络化。其中，通信模型也都是标准化建设，站内各种设备和功能共享于统一的信息平台。这样一来，就突破了传统意义上设备维护运转以人工监护和操作为主的模式，可以实现计算机"一键式"程序化操作。为了消除电磁干扰和噪声污染，降低能量消耗，110 千伏田乐变电站采用了新型的光电互感器和光纤传输数据，并实现了系统可视化监视。它第一次在变电站全站范围内实现了无线智能温度管理，充分发挥出占地少、效率高、环境好、安全可靠等优势。110 千伏田乐变电站工程的设计，不仅采用了当前国内最前沿的数字化技术和装置，还进行了设计创新，采用动力电缆和控制光缆分沟设计，尤其是在国内首创了以间隔为单位"虚实结合"的虚端子的图纸设计方法，从而大大提高了工程运行的安全度。

110 千伏田乐变电站是浙江省电力系统首座 110 千伏全数字变电站，它的建成投运对嘉兴市乃至浙江省的智能电网研究应用、数字化运行管理带来了深远影响，引领了技术乃至观念的变革，具有非常重大的社会和经济效益。它不仅为嘉兴电网打造数字化、智能化变电站起到了良好的示范作用，也泽被浙江全省。

2. 新生：智能变电站的诞生

传统型电网的发展，重点目标放在打造安全、稳固、可靠的电力供应网络，进入 2010 年，这个目标已经基本实现。在此基础上，走向智能电网发展道路，是对传统电网的一次升级与革新。110 千伏田乐变电站珠玉在前，加之很多成熟的科技手段在变电运行中大有用武之地，为嘉兴电网智能化发展积累了底气。2011 年 3 月 25 日，嘉兴 110 千伏新生智能变电站设计方案出台，并且顺利通过了由国家电网公司组织的智能设计方案专项检查以及初步设计方案审查，其智能设计方案得到了国家电网公司检查专家组的高度肯定，自此，嘉兴叩响了电网智能时代之门。

同年 11 月 28 日，110 千伏新生智能变电站正式投产，它是嘉兴电力自行设计、施工、安装、调试的首座 110 千伏智能变电站，也是浙江省首座 110 千伏智能变电站。

嘉兴首座智能化变电站 110 千伏新生变电站

档案类型：照片档案　　保管期限：永久

背景介绍

2011 年 11 月 28 日，110 千伏新生变电站投产，110 千伏新生变电站是国家电网公司第二批智能变电站试点项目，也是浙江电网首座 110 千伏智能变电站。本工程由嘉兴电力局自行设计、安装、调试。110 千伏智能变电站建设、运行的技术路线和技术方案。通过研究实用、先进、适用、可靠的智能化变电站架构和模式，将技术的先进性、架构的合理性、方案的创新性、实施的实用性、投资的经济性进行有机地融合。为我省，乃至全国智能变电站的建设闯出了一条新路。

从接线规划设计来看，110 千伏新生变电站"貌似平平无奇"。当你迈步走进这座半户内式变电站，映入眼帘的是两台气象崭新的 80 兆伏安主变压器，接着会看到 3 回 110 千伏进线，20 回 20 千伏出线。其中，110 千伏侧采用单母线分段接线，配电装置选用 SF_6 气体绝缘封闭式组合电器；20 千伏采用单母线四分段环形接线，配电装置选用真空开关高压开关柜，和传统变电站貌似差别不大。然而，它所恆用的一次设备可不简单，110 千伏 GIS 采用的是电流电压组合型电子式互感器（ECVT），配有状态监测装置，能够实现主变压器油色谱在线监测和避雷器无线监测。此外，开关柜小车和接地开关全部采用电动机构，实现全站设备的顺序控制，完全可以代替人工进行线路操作。

110 千伏新生变电站的硬核之处在于拥有一个"大脑"——一体化信息平台。该平台作为全站统一数据基础平台，实现了 SCADA 数据、保护信息、电能量、故障录波、设备状态监测等各类数据采集与共享。作为技术支撑，全站建有统一的数据通信网络，实现了数据采集、传输、处理的数字化。网络结构采用"三层一网"模式，实现 MMS、SV、GOOSE、IEEE1588 报文共网传输；采用主后一体、保测一体的主变压器电气量保护、优化集成的智能组件、故障录波与网络分析一体化装置和站域保护等设备，这些装备在传统变电站里是没有的。

110 千伏新生变电站首创之举，在于采用了基于物联网和三维可视化技术的智能辅助控制系统。凭借这套系统，运行人员可以轻松实现变电站环境监控、动力监测、智能运行辅助、智能检修辅助和系统综合集成等功能。此外，110 千伏新生变电站还把低碳、环保的理念融入进来，站内屋顶装设有光伏电池板，接入站用电系统，实现清洁能源在站内综合利用。

110 千伏新生变电站在智能电网新技术、新材料、新工艺的应用上达到国内领先水平，尽显智能变电站的优势——技术先进、经济高效、坚强可靠、清洁环保、友好互动。它昭示着嘉兴电网将往智能型电网转型，迎来"新生"。

截至 2021 年，浙江全省已经有多座变电站实现了数字化、智能化，多座新建的 500 千伏变电站也走上了智能化变电站之路。嘉兴电网和浙江电网已经开始注入科技、智能、数字化的基因。这种基因不仅提高了电网供电可靠性，还把低碳环保理念融入了电网之中。

110 千伏新生变电站及 110 千伏田乐变电站的建设，相当于打造了一块试验田，它们率先采用的技术，如今已慢慢移植嫁接到了嘉兴电网的 500 千伏、220 千伏等各电压等级的变电站。借助科技东风，嘉兴电网真正走向了智能化、数字化之路，供电可靠性进一步提高，电网安全也得到了更好的保障。

预计至 2025 年，嘉兴电网承载力如大规模清洁能源接入及消纳能力、电网结构标准化水平，电网自愈能力如自动化、智能化、数字化水平、供电可靠率等均达到省内领先水平。有效保障多元主体全接入、清洁能源全消纳，防抵御事故风险能力显著增强，源网荷储各侧即插即用、友好互动，电网配置资源能力、系统综合能效水平大幅提升。

第四节　运维检修变迁录

嘉兴电力运维检修工作，早在中华人民共和国成立前就已经有所开展，但真正走向规范化和专业化，还是在新中国成立后的几十年间渐渐成型的。如今"运检合一"的新运维检修模式已经开始逐步施行，嘉兴电力运维检修工作与时俱进，为嘉兴电力的安全运行保驾护航。

1. 运维检修的规范之路

新中国成立前，嘉兴地区供电线路的最高电压等级为 16.5 千伏，由苏州连往嘉兴。其余各电压等级的线路散落分布在嘉兴各县城及大集镇。当时，线路的运行维护是由产权所属电厂的线路工兼管，拉闸断电一无计划，全看发电能力决定何时发电，以及发电多久；二无调度，用户临时提前与公司打招呼，确定断电送电事宜。

1949 年以后，随着嘉兴各电厂逐步走向公私合营，各电厂对线路的运行维护、检修抢修制度也逐步建立起来，走向初步规范化、标准化。

1952 年，嘉兴永明电气公司实行 24 小时供电后，设有专职操作人员。为了保障安全操作，避免发生误碰触电事故，当时已建有相应的操作管理制度。1958 年后，嘉兴全市 35 千伏电网逐步形成，配电线路开始向农村延伸，为了对这些郊区和农村输电线路进行有效运行维护管理，海宁、桐乡等县的电力公司于 1961 年相继建立线路管理站，专司负责 35 千伏及以下线路的运行管理工作。截至 1962 年，嘉兴地区（包括湖州市）供电最高负荷为 3.9 万千瓦，是 1949 年最高负荷的 20 多倍，全年供电量 14 111.63 万千瓦·时，是 1949 年的 17 倍。嘉兴电力规模的迅速扩张，给线路运行维护带来了挑战。同年 9 月，嘉兴电力局贯彻水利电力部出台的《线路运行规程》，分别在塘栖、石门和嘉兴设有 3 个线路维护站，配备专职运行人员，对 110 千伏半嘉输电线路开展定期日巡、事故特巡等工作，逐步建立巡线手册、缺陷通知单和"一杆一卡"等技术资料和运行制度。运行维护制度日趋规范，运维检修人员也开始专职化，专业化。

1959 年，嘉善县电力职工高空检修

档案类型：照片档案　　保管期限：永久

从那时起开始施行的许多制度，直到今天仍不过时。它精辟总结了线路运行、维护、巡视、检修的规律，并把保障电力供应安全，保护运维检修人身安全的种种有效举措规范化、制度化。1966 年，根据嘉兴电网线路距离长、铺设面广、高压塔多和输电线路分散等特点，嘉兴电力局在全省电力系统内率先聘请义务护线员，依靠运行人员和群众护线网密切配合，及时发现线路缺陷和重大故障，排除雷电、风雪，毛竹以及其他外力对线路造成的危害。此举效果立竿见影，群众的热情被激发起来，巡线护线起到了较好的效果。1967 年，这一方法在华东地区得到推广。

嘉兴供电局检修队带电作业班

档案类型：照片档案　　保管期限：永久

背景介绍

带电作业是指在高压电气设备上不停电检修、测试的一种作业方式。图为 1965 年嘉兴供电局检修队带电作业班在 110 千伏线路上进行等电位带电作业。

1980 年，嘉兴电力局逐步加强对运行工作的领导。恢复和整顿线路运行管理网络，建立起各级线路运行人员的岗位责任制，重新开展群众护线活动，事故发生率大幅下降。1983 年 10 月，嘉兴电力局完善、修订了 110 千伏及以上线路《岗位责任制度》等 14 种运行管理规程，重新对线路运维检修工作规范管理。次年，针对 35 千伏及以上电压等级输电线路的巡视，嘉兴电力局采取一系列措施加强线路运维工作。比如划清线路分界点，明确设备主人，实行巡线三定（定巡视日期，定设备主人，定巡视线路），增强巡线人员的责任感等措施，使巡线完成率达到 100%。从此，嘉兴电力运维检修步入了新的历史时期，规范化与制度化成为运维检修工作开展的基石。

2. 变电站运行管理走向成熟

20 世纪 80 年代，正值嘉兴经济与电力蓬勃发展的时期，搞好线路运行管理，对嘉兴电力局的经济效益和社会形象都会产生很大影响。为此，嘉兴电力局根据输电线路具体的地理位置，划分各种特殊区域，因地制宜。同时实行了运行经济责任承包制度，解决车船交通工具与运行工作的矛盾，改企业安排车船为乘公交车和步行结合为主的方法，节省了大量资金。

在管理工作中，嘉兴电力局为加强领导，特别指派专职领导、技术人员和班组工人相结合，开展线路巡视。为巩固效果，规定班组之间互查每年两次，双人巡视每季一次，每月定期进行运行安全分析。1985 年，嘉兴电力局学习宁波电力局经验，在线路队和各县（市）供电局线路运行部门，普遍建立一室（资料室）、二单（缺陷通知单、运行工作任务单）、三图（杆塔分布图、相位图、巡视路线图）、四表（线路概况表、零值绝缘子测试表、运行人员分工表、线路故障表）、五册（一杆一卡册、接地电阻分录册、设备定级册、缺陷记录册、安全工具试验册）。上述线路运维检修制度，有些一直使用到今天。

除了线路运维工作不断进步成长，变电站值班制度也与时俱进。

早在 1936 年 12 月，随着嘉兴郊区新塍镇 16.5 千伏变电站投产，变电运行值班工作从此开始。20 世纪 50 年代末至 60 年代初,嘉兴全市 35～

110 千伏电压等级的变电站如雨后春笋，相继建成。变电设备的运行和维护工作量随之增加，这也给变电值班工作提出了新的挑战。1960 年，变电站的值班模式基本上采用“三班四运转”的值班方式，部颁《电业安全工作规程》成为变电站金科玉律般的存在。运行人员在操作中开始执行以工作票、操作票和交接班制、巡回检查制、定期预试维护制为中心内容的“两票三制”，这个制度一直延续至今，是对变电站安全运行操作影响最深远的制度。也是从那时起，变电站开始制订现场运行规程，并成为变电站投产前必须完成的事项。

二、技术措施及精简值班人员的规划：

变电所名称	调度控制地点	增加的事故信号及远动装置						必须相应补齐的其他改进			精简值班人员规划				备注（包括不能改为无人值班的理由）
		总信号或遥信对象	遥测对象	遥控对象	通道数及形式	费用估计（万元）（其中通道费）		措施名称	费用估计（万元）		65年		66年		
						65年	66年		65年	66年	人数	方式	人数	方式	
加兴变	局调度所内	[illegible]	[illegible]	[illegible]	电缆通道 遥测 遥信 遥控	1.4 通道费	1.0	[illegible]	0.04		5	[illegible]	2	[illegible]	[illegible]
[illegible]								[illegible]	[illegible]	0.08	5	[illegible]	3	[illegible]	[illegible]
[illegible]	局调度所内	[illegible]	[illegible]		[illegible]			[illegible]	0.15		3	[illegible]	2	[illegible]	[illegible]

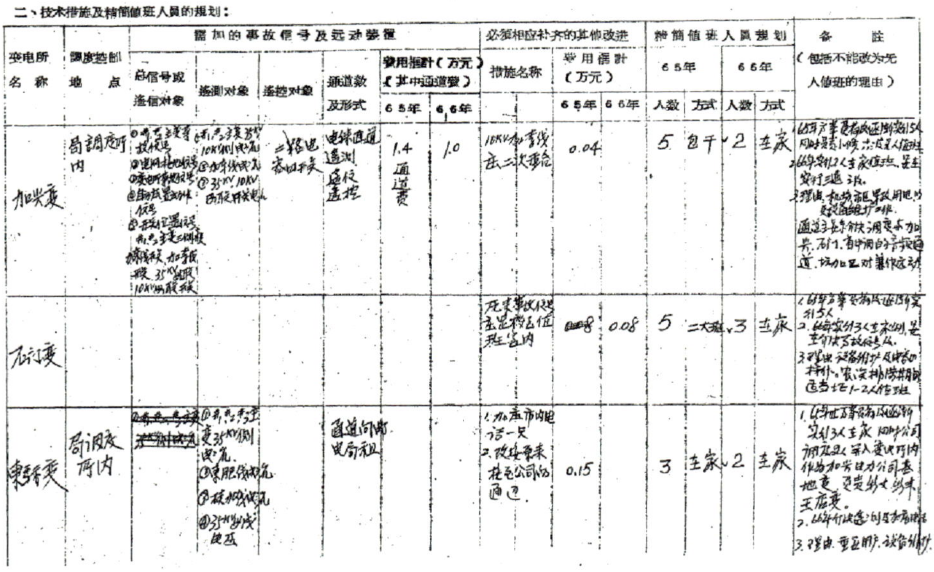

1965 年上报变电所无人值班的技术措施和精简运行人员规划

档案类型：文书档案　　保管期限：永久

背景介绍

1965 年，根据水电部大力推行变电所无人值班的指示和华东电管局无人值班规划会议讨论决定，拟制了嘉兴供电局精简运行人员规划和变电所无人值班的措施，上报审核。

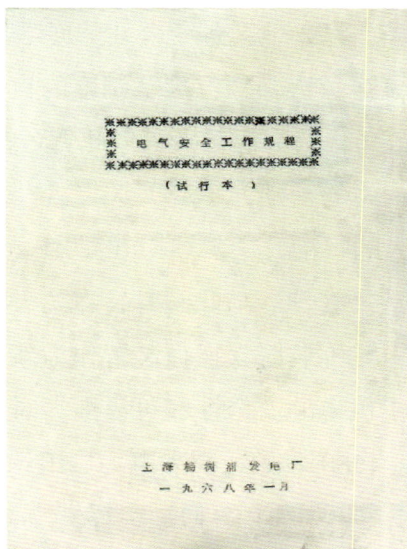

1968 年 1 月电气安全工作规程（试行本）

档案类型：实物档案　　保管期限：永久

背景介绍

这是一本 1968 年制订的电气安全工作规程，规程从电气安全基本知识、运行操作管理和高压电气设备与检修与维护工作详细地规定了电气工作的安全规定。

改革开放后，变电运行管理工作得到加强，从 1980 年起，嘉兴电力局开展变电站运行值班整顿工作，重新修订变电站现场运行规程，更加贴合变电站运行实际。充实完善各种运行管理制度、记录、簿册和图表，力保变电运行安全稳定。

变电站操作方面，一直是电力安全运行的关键点所在。嘉兴电力局在严格执行"两票三制"的基础上，于 1981 年首先在位于桐乡的 35 千伏洲泉变电站试安装防误操作装置，取得显著效果后，逐步在各变电站推广。除了推广防误操作装置，嘉兴电力局还通过竞赛等活动加强职工安全意识教育。1983 年，嘉兴地区各变电站开展"千次操作无差错"对口竞赛等活动，提高了运行人员执行规章制度的自觉性和严肃性。这些竞赛活动效果卓然，很多优秀的运行人员借此舞台，展现了自己的才华，也为个人发展打下了很好的基础。

实际上，影响最大的举措，是各县（市）供电局先后成立变电工区，加强运行管理工作的统一管理。与此同时，在防误操作装置试验成熟之后，嘉兴电力局把变电站安装防误操作装置作为新设备投产的必备条件之一，此举大大提高了供电的安全性和可靠性，对嘉兴电网的安全稳定运行起到了关键作用。1988 年始，嘉兴电力局组织各县（市）供电局开展建设农村"标准化变电所"活动，通过实行"标准化"管理，"顺序化"工作，规范设备名称，健全各种记录、图表，绿化美化变电站环境。此项工作开展于一时，却利在深远，它像是在给变电站运行管理工作打造制度地基，一系列标准化、顺序化管理成为日常制度，数十年如一日，一直流传至今。

3. 检修工作的沧桑之变

线路及运行设备检修工作开始的历史，和嘉兴有电的历史几乎同时，1912 年嘉兴永明电灯公司创办初期，就开展了设备线路检修工作，专门由业务科负责。当时的架空线路检修维护工作，主要是对电线木杆根部涂抹柏油或灼焦表层做防腐处理。一旦发现木杆轻度腐朽，则进行加绑或扎梢，以延长其使用期，木杆腐蚀严重者，再进行更换。随着配电网开拓，输电线路增多，永明电灯公司在 1919 年设立了外线组，专门负责线路检修工作。经过近三十年发展，1948 年永明电灯公司设立了供电工区，由供电工区统筹管理输电线路、变电设备的日常检修。但这一时期线路检修工作处于"不坏不修"的模式，没有严格的检修计划。

20 世纪 60 年代嘉兴检修队轮船班全体职工

档案类型：照片档案　　保管期限：永久

背景介绍

　　嘉兴是江南水乡，20 世纪 60 年代嘉兴公路运输不发达，当时检修队主要依靠水路运输，检修队轮船班在这样的特定条件下组成。

　　新中国成立初期，上述检修模式与内容变化不大。直到 1961 年，当时的嘉兴县电力公司下设电修工场、检修工区，其他各县电力公司也各自建立起电力检修组织。嘉兴电力检修工作才步入正轨。次年嘉兴供电局成立后，进一步细化检修工作，下设检修工程队、高压试验室，负责嘉兴地区供电系统的电力设备检修，线路检修工作管理逐步规范化。1964年，嘉兴供电局创立了快速立电杆法，于次年在全省推广，并在锦州会议上被列为全国重点推广项目，这是嘉兴电力线路检修技术进步历程中的一篇华彩乐章。嘉兴电力局再接再厉，推出从采用新材料到合理劳动组织等一整套新的农村电网改造方法，使 10、35 千伏农村线路大修改造费用每千米降低 57%。同年，检修队成立带电作业班。嘉兴电力检修工作开始迈入正轨。20 世纪 70 年代后，企业配电室、变电站逐步由供电部门代为检修，各县（市）35 千伏及以下电力设备由各电力公司自行检修。然而，这样的自主检修容易松懈，不利于统一管理。为了加强检修工作，嘉兴电力局在 1979 年 3 月撤销了检修队，分别成立修试队、线路队和运输队三个队。

1985 年老检修队合影

档案类型：照片档案　　保管期限：永久

背景介绍

1985 年，嘉兴检修队各个专业已比较完善，包含有一次检修、线路检修、继保班、仪表班等。

嘉兴电力局的带电作业工作也取得了长足的进步，1978 年 12 月 26 日，嘉兴电力局检修队带电作业班在专家的指导下，安全完成 220 千伏杭（州）南（湖）线第一基铁塔的带电调换任务，为带电作业开辟了新的途径。该项目荣获嘉兴地区科技成果一等奖。翌年,嘉兴地区 110 千伏及以上线路设备完好率达 100%。1980 年以后,虽然输电线路长度每年以 10% 以上的速度增加,但对 35 千伏及以上线路基本上都能做到抢修不过夜,检修有计划。从 20 世纪 80 年代起,嘉兴电网线路安全运行水平始终位居全省电力系统前列。

220 千伏杭(州)南(湖)线 2232 线首次带电整基调换铁塔取得成功

档案类型:照片档案　　保管期限:永久

背景介绍

220 千伏杭(州)南(湖)2232 线是华东电网中浙江连接上海的主干线路。该线路投产运行达 18 年之久,铁塔表层锈蚀严重,利用原基础带电调换整基镀锌铁塔,在国内尚无先例。嘉兴电力局检修队带电作业班在专家的指导下,经过几十次的模拟操作试验,终于在 1978 年 12 月 26 日安全完成第一基铁塔的带电调换任务,为带电作业开辟了新的途径。该项目荣获嘉兴地区科技成果一等奖。

实际上，在 1983 年和湖州电力局分开运营后，嘉兴电力局就对检修工作实行三级管理：局生技科、调度所为变电、线路检修管理部门；修试队、线路队承担全市 110 千伏及以上变电站、输电线路和市区 35 千伏变电站的电力设备检修任务；各县（市）供电局的检修部门负责当地 35 千伏变电站、输电线路的管理和修试工作。嘉兴电力检修工作上了一个台阶，检修工作开始制度化和专业化。

4. "运检合一"模式的探索施行

运行及检修工作一旦规制成型并落地执行，会在很长一段时间保持稳定运行，如同是默默无闻守卫电网及设备安全的士兵。进入 21 世纪，运检工作模式在稳定安全运转的同时，也在与时俱进发生变化。

嘉兴电力局于 2018 年 3 月份正式开始实施 220 千伏 "运检合一"，正是这种沿革的体现。嘉兴电力整个 "运检合一" 工作，总体是在省公司推行设备主人制等指导思想下，结合公司运检专业面临的一些实际难点与需求，围绕 "安全、质量、效率、效益" 四个核心目标，来推进工作。嘉兴电力局按照嘉兴东、西地理区域划分，成立两个管辖变电站规模相当、人员分配数量相当、运维检修职责合一的变电运检室。2018 年，在两个单位运行一段时间后，分别成立变电运检班。

运检班一方面主要承担运检一体业务，随着人员技术技能的发展，业务持票量在不断增加；另一方面，承担着所辖变电站设备的状态管理、运检全过程管理等职责。随着设备主人制的推进，运检班业务的广度、深度也在不断发展。为了更好支撑设备主人单位检修、技改业务实施，嘉兴电力局依托嘉兴恒光电建公司，实体化组建成立输变电检修中心，于 2018 年 9 月 28 日正式成立。检修中心作为专业化的检修队伍，重点承担大型技改、大修、例行检修等业务实施，尤其对县公司的支撑较大。检修中心的主体组织架构依托嘉兴恒光电建公司，新设立运维检修科、检修班组、电缆运检班等，人员通过企业自聘解决一部分，核心业务骨干通过主业输送一部分，包括二次及站用电检修、电缆检修等专业。

秀西变电运检室 2019 年迎峰度夏"运检合一"培训

档案类型：照片档案　　保管期限：永久

背景介绍

2018 年 3 月份正式开始实施"运检合一"，公司实施"运检合一"是符合嘉兴地方特色、符合嘉兴运检管理实际的一条必然之路，事实证明已取得明显成效。"运检合一"着力培养运维检修专业的青年技术骨干，推进班组和个人层面。

经过几年实践，如今嘉兴电力基本形成设备主人与专业检修队伍的搭配模式。对于变电运检室来讲，变电站运检人员是设备主人，承担设备全过程管理职责，承担部分带电检测、消缺等运检一体业务；变电运检室的检修班组是专业检修队伍，承担综合检修等业务。输变电检修中心也是专业化检修队伍之一，承担变电运检室所辖站点的设备技改等业务。在当前运检班实践基础上，现有的运维班，最终会全部转型为运检班，而运检班的运检人员，就是承担所辖变电站设备的设备主人。设备主人评价设备状态，制定检修决策建议，由专业化检修队伍负责较大型检修的实施，设备主人履行好全过程管理、监管职责。

在运检班不断发展的过程中，检修班组的部分小、散检修检测业务，逐步调整至运检班组。检修班组向专业精深发展，要精干，承担综合检修、复杂缺陷分析处置等业务。在嘉兴公司内部，如果检修力量不足时，可由输变电检修中心支撑检修业务具体实施。随着电网规模不断扩大，检修需求也不断增加，嘉兴电力通过积极务实的实践，生动证明了：设备主人是保障电网设备稳定运行的守护者。变电站的周期性检修业务等，由专业化检修队伍实施。当电网规模再扩大，就通过相应地增加专业化检修队伍的力量，可以解决主业人员不足的矛盾。

从 1912 年嘉兴有电以来，运维检修就是电力行业一项十分重要的日常工作，它的历程不仅是运维检修模式的变迁史，也是一部电力发展侧史。嘉兴电力运检模式的变迁，经历了从无到有，从不规范到规范，从不成熟走向成熟的历史过程，如今已经打造出一支运维检修铁军，他们为守护嘉兴万家灯火光明，默默奉献着热血青春。

第四章　嘉兴农村电气化发展历程

第一节　农电管理体制变革记

　　嘉兴早期的农电管理工作，由各人民公社的电力排灌站承担，后来才增设了农电处等专门机构管理农村电力，乡镇电管站也应时而起，最终经过"两改一同价"工程的改革，由供电所行使农村基层电力管理，持续至今。

早期农田人力脚踏水车排灌图

背景介绍

长期以来，嘉兴地区农田排灌主要依赖人力、牛力使用木制龙骨水车。人力水车又有手摇和脚踏之分。龙骨水车由车槽、车链、车轴、支架等部件组成，系东汉灵帝时（168～189年）毕岚创制，流传至今。（图片来源：国网桐乡市供电公司）

1. 农电管理机制的初步探索

新中国成立之前，嘉兴农村地区用电量极少，偶有零星用电，也只是几个乡镇有农户照明使用，虽有部分地区的农村稻田开始使用电力排灌，但限于战争等缘故，并未发展起来，更遑论农村一带有其他种类用电。当时的农村电力管理事宜，一般由小发电厂或者电灯公司自行管理，没有农电专管机构。

进入 20 世纪 50 年代后期，嘉兴各县的农村地区开始大力普及电力排灌，用电量较多的人民公社相继成立了机电排灌站。麻雀虽小，五脏俱全，这些排灌站行使的职能并不少，它要负责维修机电设备，以及对机、电、水实行统一管理。各地排灌站承担起了农村地区电力排灌的管理职责，它们一般由当地县农机局或水利局领导，这是嘉兴地区早期农电管理体制的雏形。然而，要想正常行使管电职能，需要由专业懂电的机构进行管理，更需要建立一支电力专业队伍来执行农电管理职责。为此，浙江省电业管理局于 1962 年设置了农村用电管理处（简称农电处），三年后又增设地方电业处，与农电处一套班子、两块牌子。翌年，浙江省水利厅调整机构，将机电排灌管理业务划给浙江省电业管理局统一管理，各地（市）供电局也相应设立专人管理，这意味着从此嘉兴有了农电专业管理机构。

东栅电力灌溉机站

档案类型：照片档案　　保管期限：永久

背景介绍

1956 年，在全国农村排灌电气化的号召下，嘉兴电厂为支援农业合作化，促进农村推广"双季稻"，农村电网不断延伸，农村电力排灌逐步替代人力水车灌溉。1958 年，嘉兴县东栅农村率先对农田灌溉这一传统的农业劳作方式进行了革新，那里的农田就此告别了千百年来靠水车灌溉的历史。当年，嘉兴电力灌溉扩大到 6 个公社，新建电力灌溉机站 103 个，装机 1003 千瓦。

国务院奖状（农业社会主义建设先进单位）

档案类型：实物档案　　保管期限：永久

背景介绍

东栅农村的变革，得到了中央政府的肯定。1958 年 12 月，周恩来总理亲笔签发了国务院奖状，嘉奖东栅人民公社为"社会主义建设先进单位"。当年这奖状镜框悬挂在东栅行政办公处的"石宅"正厅。（原件保存在嘉兴电力博物馆）

1959 年 9 月 16 日，《浙江日报》

档案类型：实物档案　　保管期限：永久

背景介绍

新中国成立 10 周年大庆，北京的"全国农业展览馆"等十大建筑落成。东栅农田机灌模型奉调进京展出，农业水利化从东栅走向全国。东栅人民公社和嘉兴电厂为建成农田电力灌溉网做出了应有的贡献，90% 以上的水田实现电力灌溉。为此，1959 年 9 月 16 日，《浙江日报》头版专题做了报道。（原件保存在嘉兴电力博物馆）

1960年4月，中华人民共和国农业部颁发：嘉兴县东栅人民公社农业机械灌溉
管理站荣获"机械排灌工作红旗单位"的奖状

档案类型：实物档案　　保管期限：永久

背景介绍

1960年3月，全国机电排灌现场会议在嘉兴东栅召开。到会的有农业部、水利部、机电部及省政府部门的领导和专家。古朴的石板小街上响起了天南地北的话音；高桥、雀墓桥、陈庄桥机埠旁留下了五湖四海的足迹。农业部副部长吴其沣意味深长地赞叹："东栅的田野里涌起了水利化、电气化的春潮。"1960年4月，中华人民共和国农业部颁发：嘉兴县东栅人民公社农业机械灌溉管理站荣获"机械排灌工作红旗单位"的奖状。（原件保存在嘉兴电力博物馆）

然而新的问题很快出现，这一时期嘉兴地区农村电网的建设和运维人员不足。实际上，这在当时全国是普遍现象，针对这个情况，北京大兴地区最早试行利用农村社队电工参与郊区电力局生产工作，取得了实际效果。于是，水电部在全国推广这种用工模式，此种用工被称为"亦工亦农"电工，也是历史上最早出现的专业农电管理队伍。1964年8月，嘉兴市海盐县电力公司率先与该县的人民公社签订合同，建立"亦工亦农"的农村电工队伍，实行专业管理和公社管理相结合的农村电力管理

制度。继海盐县后，嘉兴市各县也先后建立起"亦工亦农"的农村电工队伍。这个模式运行多年，对嘉兴当时的农电管理工作起到了良好效果。

在北京参加水利电力部举办的"农电管理学习班"，
左一姚绍泉、左二陆与可、右一周石炎

档案类型：照片档案　　保管期限：永久

背景介绍

1963 年 12 月，嘉兴地区姚绍泉、陆与可、周石炎三位电力职工在北京参加水利电力部举办的"农电管理学习班"时，在北京颐和园合影。

十一届三中全会后，嘉兴经济开始整顿复苏。当时嘉兴绝大多数农村都已经通电，农村电网也开始成区连片，为了对规模不断发展的农村电网进行更有效管理，桐乡县电力公司在晚村公社进行建立公社用电管理站试点。用电管理站的职责非常明确，负责建设维护本地区电网，更好地为当地老百姓生活和工农业生产服务，并做好节约用电、安全用电工作。翌年，浙江省电力工业局推广桐乡县电力公司经验，在全省22个公社设立试验点，其中在嘉兴地区，就有嘉兴县余新公社、嘉善县姚庄公社、海宁县狮林公社和海盐县六里公社4个用电管理站。嘉兴对农电管理的探索再一次走在了历史前列。

1978 年，海盐县六里公社农电管理站成立揭牌

档案类型：照片档案　　保管期限：永久

背景介绍

1978 年，海盐县六里公社农电管理站成立揭牌。

2. 乡（镇）电管站的兴起与改革

改革开放后，随着全国农村地区经济的迅速发展，电力需求提高很快，嘉兴农村地区的用电形式也开始丰富起来，农副产品加工及乡镇村办企业也陆续创办，农村用电量不断攀升。

当时为了规范管理农村用电，各省纷纷在乡一级成立了管理组织：乡镇电管站。乡镇电管站是隶属于乡镇政府的一个机构，其职责主要是农村电工的管理、低压电网的运维、农村用电管理。至 1985 年 4 月，嘉兴市下属各县的乡级电管站全部成立。随着乡镇电管站的广泛建立，为加强对乡级电管站的领导，嘉兴电力局适时提出建立县（市、区）农电管理总站的设想，得到浙江省电力工业局的同意。1983 年 12 月 12 日，嘉兴地区率先成立嘉兴农村电力管理总站。这是全省第一个县级农电管理总站。

嘉兴农电管理总站

档案类型：照片档案　　保管期限：永久

背景介绍

1984 年 3 月 22 日，嘉兴郊区人民政府和城区人民政府批准"嘉兴农电管理总站"正式成立，对外办公地点暂设在市供电局，1985 年，嘉兴农电管理总站搬入新办公地点。

县市农电管理总站对所属乡电管站实施人、财、物统一管理；对农村电费中征收的农电维修管理费，除提取一定比例作为各级电管站的行政开支和日常维修费用外，有重点地投入农村低压电网大修改造，提高其设备健康水平和完好率。乡镇电管站及农电管理总站的成立，厘清了市（县）区及乡镇层面的管电职责，在当时对农村电力的发展有积极的历史意义。这也是适应现实的需要。随后，国家层面调查了解了各地农村用电管理情况后，由能源部在1988年2月颁发《全国农村用电管理条例》，加强了对农村管电、用电的管理规范。

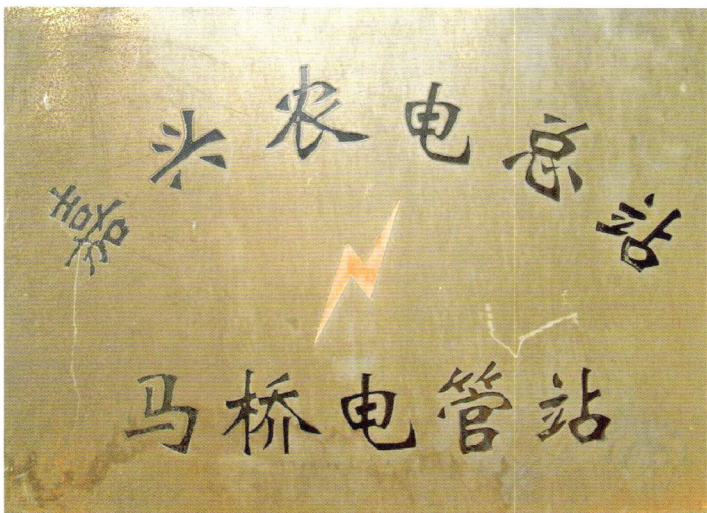

嘉兴农电总站马桥电管站旧址铜牌

档案类型：实物档案　　保管期限：永久

背景介绍

这块铜牌是2007年2月7日电力博物馆筹建办副主任车建荣和许旭同志在王店供电营业所所长殳菊明的陪同下去马桥农电站旧址征集电力文物。在该农电站旧址门边发现一块铜牌，此牌45厘米×60厘米，魏体书写"嘉兴农电总站、马桥电管站"中间有个红色电力标志。

到1991年，浙江省内乡镇电管站的职能在新出台的浙政办〔1991〕

12 号文件中得到进一步细化，共明确了 11 条职责，包括实行独立核算，自负盈亏，行使农村管电职能等内容。从这一年开始，嘉兴地区所有乡镇农电管理站隶属于乡镇政府，行使乡镇政府的管电职能，电力企业则给予行业指导。农村 10 千伏以下的电力资产属村集体，由村电管组负责低压电网的维护和用电管理。此番变革后，在体制上形成了供电部门和乡镇、村共管现象。到 1999 年底，嘉兴市精简和合并了部分乡镇，乡镇农电管理站也随之调整和减少，全市共有 6 个县区农电管理总站，139 个乡镇农电管理站，共有专职电管员 416 人，1738 个村电管组有农村电工 2885 人，这也是嘉兴乡镇电管站留给历史的最后背影，随之而来的"两改一同价"，作为农村电力体制改革的重要一环，乡镇电管站陆续撤销，取而代之以供电营业所。

回顾乡镇电管站十几年的存在历史，它承担起了相当一部分农村管电组织职能，在减少农村触电伤亡事故、催缴回收农村电费，以及建设农村电网线路、杆塔、配变等方面，作出了很大贡献。进入 20 世纪 90 年代后半期，乡镇电管站的发展已经跟不上农村电力发展的需求，依靠电管站无法解决农村地区电价畸高的问题。1998 年，国务院布局推动"两改一同价"，即改革农电管理体制、改造农村电网、实现城乡用电同网同价。农村电力管理体制开始破冰变革。在"两改一同价"实施过程中，乡镇电管站改制为乡镇供电营业所，由各地县电力局直接管辖，这是农电管理体制改革的核心。到 2004 年 12 月，嘉兴全市县（区）农电管理总站陆续全部撤销，纳入县（市）供电企业统一管理。

至此，嘉兴全市县、乡两级农电机构完成统一设置，原乡镇电管站改组为农村供电营业所，面向农村提供用电营业和服务，各县（市）供电局设立农电工区，农电总站撤销后由农电工区承担 0.4 千伏及以下电力供应和电网运维的管理职能。

3. 供电营业所服务的完善

中华人民共和国成立后第一个用电营业收费点

档案类型：照片档案　　保管期限：永久

背景介绍

嘉兴县电力公司1976年设点收费代替过去的上门收费，首先在市区建国北路公益书场设立第一个营业收费点。以后，在各县也先后建立营业点，逐步形成网络，成为用电收费的窗口。

"两改一同价"之后，农村地区电力用户实行一户一表，并实施"三公开""四到户""五统一"的管理制度，由乡（镇）供电营业所销售到户、抄表到户、收费到户、服务到户；农村用电统一电价、统一发票、统一抄表、统一核算、统一考核；电量电费做到电量公开、电价公开、电费公开制度。"两改一同价"的改革从根本上改善了农村电网的配电能力，提高了安全用电水平，农村百姓受惠于同网同价，用上了便宜电，有效减轻农民电费负担，也开拓了农村家电市场，加快实现广大农民脱贫致富奔小康具有重要的现实意义。

为巩固农电体制改革成果，确保各项工作向精细化要求迈进，嘉兴市各级供电企业于2005年组织开展乡（镇）农电体制改革"回头看"活动，提出以农村公变台区绩效综合管理为核心，建立供电局——农电工区——供电（营业）所三级考核体系，建立由安全生产、线损率、电费回收率、综合管理、优质服务、窗口建设等指标构成的考核内容体系，并且以台区为单位，对台区岗位工实行综合考核。上述措施有效地推动了农电管理向规范化、精细化、科学化方向发展。

随着农村地区经济蓬勃发展，农村老百姓们对电力服务有了更高的要求，为适应新形势、新要求，嘉兴电力公司大力推进供电营业所标准化建设，推广农电标准化作业，提高信息化管理水平，使供电营业所基础建设不断得到深化，实现全局标准化供电营业所全覆盖，油车港、余新、硖石、西塘等四家供电营业所获得"国网标准化示范供电营业所"称号。2009年开始，嘉兴电力局按照"管理集约化、机构扁平化、作业专业化"的原则，重新梳理供电营业所管理职能，对生产组织模式进行优化，实施"大所制"整合，撤销原有的农电工区，把全局64个供电营业所、15个供电所整合成33个供电所，经过"大瘦身"后的供电所，其执行力的"公转"效率得到了有效提升，同时推行台区绩效管理，激发员工工作热情，农电员工的绩效工资与工作业绩、工作量、安全生产、优质服务等直接挂钩，以往农电员工"干多干少一个样""干好干坏一个样"的局面被彻底打破，绩效管理对农电管理产生了正向激励作用，不仅营销指标上去了，而且认识上去了，更可喜的是员工队伍素质提高了，因而促进了供电所管理水平和效益的大大提升。

第二节　农网改造振兴史

　　嘉兴地区农村电力管理体制的建立，是在中华人民共和国成立后逐步实现的，走过了一条曲折的探索之路，最终在世纪之交"两改一同价"工程中，奠定了农村管理现行体制，对农村用电的发展起到了巨大作用。

1. 嘉兴农网建设创业史

　　1949 年以前，浙江省除个别小水电站、小火电厂供附近农村照明用电和电力排灌外，广大农村没有用上电。最早在省内农村架设低压线路的是1917 年临海县富户黄楚卿创办的恒利电气公司，从那时起，浙江农村的电力建设开始缓步前行。1930 年，杭州电厂与湖墅农民协会订立试办电力灌溉合同，建立了第一批电力灌溉站灌溉农田。至 1933 年，低压线路延伸至笕桥、三墩、彭埠、七堡等地，初具农村电网雏形。虽然嘉兴地处杭嘉湖平原，地理条件优越，各县及集镇电厂数目众多，照明、碾米动力用电十分发达，但中华人民共和国成立前农村地区的电力建设却寥若晨星。

海宁东区电力灌溉渠道建设工地

档案类型：照片档案　　保管期限：永久

背景介绍

1959 年 9 月，海宁县开始大力开展电力灌溉建设，经过四年的努力，取得巨大成就。到 1960 年，共建成变电站 4 座，容量 7400 千伏·安，架设线路 428 千米。

中华人民共和国成立后，在这片广袤的田塍之上，嘉兴农村电网开始逐步振兴。20 世纪 50 年代，为了在农村普及推广农田电力灌溉，嘉兴地区开始修建农村低压输电线路，电力触角自此伸向广大农村地区。嘉兴市第一条农村低压线路建设，始于 1954 年。是年，在政府统一筹划下，嘉兴地区农村推广种植"双季稻"，以发展农业生产。这次"双季稻"的推广种植，有一个不同以往的变化，即嘉兴农村地区开始建设电力灌溉机埠，使用电力作为能源进行排灌。为了配合农田灌溉用电，当时的嘉善电厂于当年 5 月架设了嘉兴市第一条农灌低压线路，长 750 米，选址在县城南信乡杨庄选区（现罗星乡城南村）农业生产合作社。当时农村电网建设的责任，乃是政府统筹计划承担，这对农村地区电网的出现以及发展，作用巨大。正是在嘉兴人民政府的统筹规划下，嘉兴各县农村开始有了电力光明。1955 年海宁县推行电力排灌，在嘉兴市政府的推动下，决意铺设低压线路，指定由海宁电厂负责施工，在大桥乡架设木杆低压线 5100 米。翌年，海宁县又被列为全国四个电力灌溉试点县之一。有了政策的强力支持，海宁县开始进行大规模的农电低压线路建设，初步奠定了该县农村电网的格局。

嘉善 30 万亩电力排灌建设工程、修筑干渠道 800 余千米

档案类型：照片档案　　保管期限：永久

背景介绍

1961 年国家拨款 324 万元，并拨下钢材、铝线、变压器等专项物资。华东电力勘测设计院派出专家组，亲临嘉善指导。1962 年嘉善 30 万亩电力排灌建设工程通过两期施工后竣工，修筑干渠道 800 余千米。

很快，在嘉兴、桐乡、海盐和平湖等县，低压配电线路逐步向周围农村延伸，实现了跨村联网。到 1971 年，嘉兴全市农村低压线路发展到总长 8600 千米。这些农村地区的输电线路，多数都以人民公社、生产队自筹资金、自购材料，克服当时电力建设资金不足的困难，建设而成。那个时期的经济形势下，国家无力投入巨资铺设农村电网，农村地区自己集资架线，在当时较为普遍。但由于资金短缺和技术力量不足，导致了在整个 20 世纪 70 年代，农村安全用电状况并不好。为了改善农村用电安全状况，1973 年，嘉兴、桐乡和吴兴（现属湖州市）等 3 县开展"地埋线"试点工作，随后，"地埋线"在嘉兴地区各县（市）农村推广应用。同年，嘉兴地区全面进行农村低压电网改造，具体方式以桐乡县为例：采取各公社组织电工，以大队为单位，分级负担，各自备料，统一施工，分别结算等办法，对低压线路进行整修。

限于那个年代的物资、资金水平等客观因素，嘉兴地区农村低压线路标准低、质量差的状况并无根本改变。这种现象在当时全国都是普遍存在的，却也为将来世纪之交那场农村电网改造的巨大变革打下了基础。农村低压电网整改资金的长期缺乏，也是阻碍农村电网发展的一个瓶颈。针对于此，1984 年，嘉兴全市各乡（镇）农电站按照浙江省人民政府有关文件规定执行农村用电（除农业排灌用电）加收 10%维修管理费，作为农村低压电网整改资金。在一定程度上，农维费的征收弥补了农村电网建设资金不足的短板。从 1985 年开始，嘉兴全市再度投入巨资，在各县（区）进行农村用电"标准村"建设的试点，改造低压电网，使电能损耗大幅度减少，电压质量和安全可靠性明显提高，并推动了全市农村初级电气化县的建设。

嘉兴成为全国第一个农村电气化地级市、所辖五县（市）全部进入百强县

档案类型：照片档案　　保管期限：永久

背景介绍

1991 年，电力工业部制定了农村电气化标准，1993 年起，农村电气化县称号由电力工业部授予。海盐、海宁、平湖县至 1993 年相继完成农村电气化改造，50%以上的村达到农村用电标准村，被电力工业部授予全

国农村初级电气化县称号。1995 年，嘉兴郊区通过农村电气化验收，嘉兴成为全国第一个农村电气化地级市、所辖五县（市）全部进入百强县。

农村电网改造

档案类型：照片档案　　保管期限：永久

背景介绍

1999 年 10 月 12 日，嘉兴农电总站八字电管站农村电网改造工程，电力工人用手扶拖拉机将电缆运送施工现场。

进入 20 世纪 90 年代，当时农村电网面临的问题越加突出，老破旧的农村电网结构，是导致农村电价畸高的重要原因之一。此外，由于长期以来不合理的农村电价形成机制以及不清晰的农电管理体制，农村低压电网的建设都是由村集体出资兴建并维护，缺乏系统的技术管理与更新维护，供电线路损耗大，进一步导致了农村电价偏高，农户负担过重。农村电网改造迫在眉睫。

2. "两改一同价"时期的农网改造

20世纪90年代末期，中国经济面临内需不足的挑战，中央出台六项举措提振内需，其中就包括农村电网改造。这一次农网改造，是"两改一同价"工程中的重要部分。"两改一同价"的目标之一是减轻农民电费负担，开拓农村市场特别是农村家电市场，加快实现广大农民脱贫致富奔小康。当时农村电网普遍面对线路老化严重，用电电压不足，供电半径太大的局面，线损率高达30%以上。如此用电质量，一旦遇到用电高峰时期，势必被拉电限电，村民们就算想发展经济，致富奔小康，也会被捆住手脚。

农村电网改造势在必行。1999年9月22日，嘉兴新塍镇西吴村的农网改造建设基地，一台50千伏·安的节能型变压器徐徐吊起，宣告了嘉兴全市农村低压电网改造工程正式启动。"两改一同价"农村电网改造工程工期紧、任务重，在农网改造过程中，嘉兴全市电力局职工、农电站职工以及村电工等施工队伍付出了常人难以想象的艰辛。1999年底，嘉禾平原遭遇罕见的冷冬，气温一度降至零下7摄氏度。在这天寒地冻的广袤田野上，3000余名嘉兴电力人热情投入、携手奋战，为农网改造挥洒汗水。

"两改一同价"，嘉兴市农网改造第一村开工典礼在嘉兴西吴村举行

档案类型：照片档案　　　保管期限：永久

背景介绍

1998 年，国务院决定改革农村电力管理体制，改造农村电网，在此基础上逐步实现城乡用电统一价格（简称"两改一同价"）。2000 年，"两改一同价"，嘉兴市农网改造第一村开工典礼在嘉兴西吴村举行。

嘉兴地区的农网改造工作始终走在全省前列。启动仅仅一个月后的 10 月 30 日，嘉兴全市第一个农网改造后的电费降价村在桐乡市诞生，极大地鼓舞了农电工作者的士气。有了成功的先行者，嘉兴全市掀起了一场如火如荼的农网改造热潮，各县市你追我赶，既比进度，也比质量，每天有 3000 多名职工奋战在嘉兴各地农村的农网改造现场。他们热情高涨，不辞辛劳，也不求回报，在高空中架线，在陡峭处立杆树塔，战严寒，斗酷暑，为农村电网改造工程的顺利完成而努力。汗水湿透了衣裳，他们却不肯走进农户家里喝口水。他们行走在各个地方，无论是艰险难行的山区，还是水浪拍岸的河海之畔。

2000 年世纪之交，《浙江电力报》曾用专版回顾了 20 世纪的浙江电力发展史，总结了 20 件大事，其中，桐乡等 15 个县率先实行城乡居民生活用电同价赫然在列。2000 年 1 月，嘉兴全市实行统一销售电价，将目录电价、集资电价和加工电价实行了并轨，取消了二级加价，并分成八大类行业用电。嘉兴全市圆满地完成了"两改一同价"及农村电网改造的历史任务。从此，嘉兴市农村电网进入发展快车道。

第四章　嘉兴农村电气化发展历程

降低农网电价新闻发布会

档案类型：照片档案　　保管期限：永久

背景介绍

2002 年 10 月 14 日，由嘉兴市计委、市经委、市物价局、电力局联合召开降低农村电价新闻发布会，嘉兴市委常委、副市长沈雪康在会上宣布：嘉兴农村电价除非普工业电价外，从 10 月份开始嘉兴城乡各类电价都实现了同网同价，这是我市自实施"两改一同价"以来的第四次降价，降价幅度和范围均居全省之首。与网改前相比，全市农民每年将减轻电费负担 1.55 亿元。

进入新世纪后，"新农村电气化"的提出，给嘉兴农村地区电网升级完善带来了全新契机。嘉兴市已经从"县县电气化"向"镇镇电气化""村村电气化"转变。2006 年时，国网浙江省电力公司与嘉兴市签署了"全面加快嘉兴电网'十一五'发展，共同推进新农村电气化建设"合作框架协议。根据协议，浙江省电力公司在此后五年内投资 20 亿元用于嘉兴市农村电网建设；与此同时，嘉兴市政府也加大了对农村电网建设支持力度，把新农村电气化建设纳入社会主义新农村建设的整体框架，加大资金投入和政策扶持，强力予以推进。

新农村电气化建设的快速推进，有效改善了全市特别是农村的供用电环境。从 20 世纪 50 年代起，至今一甲子风云变幻，嘉兴市农村电网从无到有，从小到大，从老破旧到坚强电网，创造了时代奇迹，为嘉兴农村地区从农耕文明走向现代文明铺就了道路，为农村地区经济接下来的快速发展注入了无限活力。

第三节 农村电气化逐梦之路

嘉兴地区的农村电气化之路充满挑战和创新，一路走来，嘉兴电力对农村经济发展的助力一目了然。农村走向电气化的同时，渐渐摆脱了贫苦宿命，经济蓬勃发展，农村地区老百姓生活水平也不断提升，真正融入进了这个激昂的时代。

1. 嘉兴早期的农村电气化

中华人民共和国成立前，浙江全省范围只有极少数农村地区有电。嘉兴与杭州、湖州、吴兴县同处杭嘉湖平原，地理条件相似，自古以来就是"鱼米之乡"，附近各县城集镇陆续有电，但在杭嘉湖平原广大农村地区，电力应用的脚步却是罕至。直到 1927 年，毗邻嘉兴的湖州城一带遭遇严重水灾，人力排水无法缓解灾情。李彦士先生利用自己在戚墅堰电厂的工作经验，在吴兴县北郊太湖之畔临时架设低压线路，装置电动机，使用电力戽水排涝救灾，大有成效。同年，吴兴电气公司向农户出租戽水机，为浙江省农村使用电力排灌之始。稍后，李彦士又在吴兴县青铜门外试验电耕犁，代替人力。虽然在当时没有得到广泛的实施，却开启了全国最早的农业电气化。

1956 年 1 月，中央提出《一九五六年到一九六七年全国农业发展纲要》（简称《纲要》），这是中华人民共和国成立后制定的第一个全面系统的农业发展纲要。《纲要》第十条"兴修水利，保持水土"中指出"凡是有水源可以利用的地方，从一九五六年开始，在十二年内，基本上做到每一个乡或者几个乡建设起一个小型的水力发电站，以便结合国家大型的水利建设和电力工程建设，逐步地实现农村电气化。"这是"农村电气化"一词在我国重要文献中第一次出现。此《纲要》是国家工业化战略实施的重要组成部分。然而以当时的经济条件而言，农村电气化之路注定漫长且艰难。

海盐县电力戽水灌溉

档案类型：照片档案　　保管期限：永久

背景介绍

1956 年海盐县已利用电力戽水灌溉。

嘉兴地区并没有建设小型水力发电站的地利优势，它的农村电气化之路只能另辟蹊径。1954 年，嘉善电厂在县人民政府的支持下，向县城郊南信乡杨庄选区（现罗星乡城南村）农业生产合作社架设低压线路，进行电力灌溉。同年 5 月 15 日，首座电力排灌机埠投产，安装了一台 7 千瓦电动机，是年用电量为 1930 千瓦·时。翌年，海宁县大桥乡建起 3 个电力排灌机埠，各装一台 18 千瓦电动机。至 1956 年，嘉兴全市电力排灌面积达到 8.13 万亩，占机电排灌面积的 10%，排灌用电量 16.33 万千瓦·时，占农村用电量的 93.33%。1956 年后，在全国农村排灌电气化的号召下，为支援农业合作化，促进农村推广"双季稻"，农村电网不断延伸，农村电力排灌逐步替代机械灌溉。电力排灌在嘉兴发展极为迅速，到 1962 年，全市电力排灌面积达到了 214 万亩，占机电灌溉面积的75.9%，排灌电动机容量 31 515 千瓦，占排灌动力总容量的 63.25%，嘉兴全市排灌用电量 2655.92 万千瓦·时，占农村用电量的 92.13%。可以说，电力排灌是农村地区最初的电气化体现。

2. 农村地区用电的多样化发展

　　20 世纪 60 年代，嘉兴电网与浙江电网联网以后，农村地区电网建设进程加快。有了大电源点的支持，嘉兴地区农村的电气化应用进一步提升。除了电力排灌，农村用电种类逐渐丰富起来。从 20 世纪 50 年代后期开始，随着农村排灌用电的发展，电力能源的廉价与高效深得人心，开始逐步代替人力和畜力。嘉兴农村地区开始使用电动脱粒机进行麦稻脱粒，并把电力用于碾米和饲料加工。当时的电动脱粒，每小时可脱稻200 千克，脱麦 100 千克，碾米 50 千克，磨粉 25 千克左右，比人力、畜力提高工效近 10 倍，深受广大农民的欢迎。然而电动脱粒一般只有在电力排灌比较发达、电力能源相对充足的农村地区使用。1956 年，嘉兴全市农村加工用电占农村用电量 6.67%，达 1.17 万千瓦·时，只占农村用电的很小一部分。

历史老照片——电动脱粒机打稻

随着嘉兴电网的逐步建设，1957 年以后农村电气化、机械化发展较快，特别是海宁、桐乡等县的农村用电量递增速度最快。到 20 世纪 50 年代末，嘉兴市的社办企业已经在部分地区出现萌芽，主要是农具的加工和修理，电力排灌动力也随之被广泛用到了许多小工厂里面。例如海宁县钱塘江公社，曾在 1959 年利用电灌动力，办起砖瓦厂、酿造厂、化工厂、肥料厂、农药厂等十几个工厂。在嘉兴、桐乡、嘉善等县也先后出现社办企业。由于嘉兴农村地区努力扩大电力排灌，综合利用电源，既解决了农村剩余劳动力就业，又能够发展乡村地方工业，使农村地区的机械化程度、电气化程度得到了提高，反过来又促进了全市电力排灌事业的发展。1962 年时，嘉兴全市农副加工用电占农村用电量的 5.02%，达 146.45 万千瓦·时，在农村用电中占到了第二位。这个数字比 1956 年时全市农村加工用电 1.17 万千瓦·时进步可谓巨大。

同一时期，110 千伏半嘉线的顺利建成，使得嘉兴电网成功并入了浙江大电网，大大加快了嘉兴农村地区的用电发展，农村用电量增长很快。从一组数据就可以看出，嘉兴全市农村用电量在 1962 年达到了 2914.52 万千瓦·时，占社会总用电量 43.45%。这两个数据在 1956 年的数字只是 17.5 万千瓦·时和 0.83%。并入浙江电网后，仅用了一年时间，嘉兴市就实现了农村地区乡（公社）乡通电，其中桐乡县更是实现了村（大队）村通电的壮举。这为嘉兴农村电气化的最终实现铺垫了良好的基础。

1966 年到 1976 年，嘉兴农村用电的发展脚步减缓，虽然用电量每年仍有增长，但增速明显下降。不过，嘉兴农村地区农副产品加工用电量，在这一时期却出现较大幅度增长。各个小型加工厂、小作坊经营规模扩大，商品性加工量不断增加，农村管电组织陆续建立，农村电网逐步搭建，电力设备容量也得到提升。在众多因素合力下，到 1978 年时，嘉兴农村农副产品加工用电量达 7999.75 万千瓦·时，占农村用电的 35.09%，农副产品的用电量已经增长到了不容忽视的规模，显示出嘉兴农村地区经济的活跃。

进入 20 世纪 80 年代，随着城乡集市贸易的开放，嘉兴地区农民家庭副业生产日益增加，1985 年，嘉兴农村地区的农副产品加工用电占农村用电量 19.24%，达到了 12 320.44 万千瓦·时，是 1962 年 84.13 倍，年平均递增率为 21.25%。嘉兴农村地区的电气化历程，随着改革开放以来的经济飞速发展，迈入了新的历史阶段。

3. 农村电气化县的建设

1988 年，浙江省农电工作会议在桐乡召开，会议决定将桐乡列为全省第一个大电网供电的农村初级电气化试点县，并由嘉兴电力局向省有关部门报批。1988 年 7 月，获得批准。受得进，供得出，用得上，是对县级农村电网的基本要求。在这个前提下，才有可能使电压合格率、供电可靠率、线损率等技术指标达到标准。桐乡县电力公司首先着手紧抓整个农村电网不同电压等级的设施和设备合格率，到 1990 年时，桐乡 8 座 35 千伏公用变电站，先后经浙江省电力工业局审定，成为"农电标准化变电站"。在此期间，共有 12 条 35 千伏线路，总长度 97.1 千米，被嘉兴电力局命名为"标准化线路"。桐乡县同期还建成 15 条 10 千伏标准化线路，总长度 219.756 千米。为桐乡县农村电网打下了坚实基础。通过农村电网标准化建设，陈旧且高能耗的设备得到更新或改造，电网布局更趋合理，部分线路、变压器等设备的超载、带缺陷运行的情况得以基本消除。线损率降低，事故减少，变电事故率和配电线路跳闸率明显下降。

桐乡县成为全国第一个大电网供电的农村初级电气化县，
能源部农电司黄金凯在验收现场

档案类型：照片档案　　保管期限：永久

背景介绍

1988 年 6 月 29 日，嘉兴电力局依据桐乡农村电气化现状和 88 年网络整改计划，发文"关于桐乡县初级电气化实施意见的请示"，经过一年的改造，1989 年 10 月，能源部率先对桐乡县进行初级电气化验收。

要成为农村初级电气化县，其中有一项考核指标，即用电"标准村""合格村"不少于全县行政村总数的 40%。为确保建设质量，桐乡县供电局以农电总站的名义，选钱林乡高家湾村试点，按照浙江省电力工业局制订的农村用电"标准村""合格村"的要求，对管电组织、村级电工、用电管理、低压线路、配电装置及用电设备等方面进行整改。几番艰苦努力后，1989 年 10 月，经浙江省计经委、浙江省电力工业局，按《桐乡农村初级电气化试点验收标准》进行考核验收，桐乡县被浙江省人民政府授予"全省第一个由大电网供电的农村初级电气化县"称号。

桐乡县成为全国第一个大电网供电的农村初级电气化县，如同电力试验田里结出来丰硕的果实，在给桐乡区域内的用电户带来福音的同时，还为全国的农村电气化建设发挥了引领和示范作用。1991 年，电力工业部专门制定了农村电气化标准，并从 1993 年开始，由电力工业部授予各个达标县"农村电气化县"称号。海盐、海宁、平湖县在 1993 年时相继完成农村电气化改造，各县 50%以上的村达到农村用电标准村，三县因此被电力工业部授予"全国农村初级电气化县"称号。通过农村电气化县建设，嘉兴地区的电网布局趋向合理完善，电能质量显著改善、线损明显降低，促进了城乡经济发展和人民生活水平的提高。

桐乡县成为全国第一个大电网供电的农村初级电气化县

档案类型：照片档案　　　保管期限：永久

背景介绍

1989 年 10 月，桐乡市经浙江省计经委、浙江省电力工业局，按《桐乡农村初级电气化试点验收标准》进行考核验收，被浙江省人民政府授予"全省第一个由大电网供电的农村初级电气化县"称号，也是全国第一个大电网供电的农村初级电气化县。

进入新世纪后，"经济发展、电力先行"的思路已被广泛接受。从 2006 年开始，新农村电气化建设写入了嘉兴市实施"创业富民、创新强市"的战略，被嘉兴市政府当作全面改善民生、促进城乡统筹发展的一项重点工作来抓。"新农村电气化"纳入社会主义新农村建设的整体框架中。特别是在嘉兴市提出"两分两换""新市镇和城乡一体新社区"的建设思路后，整个工作得到快速推进。

纵观嘉兴农村电气化逐梦之路，禾城大地旧貌变新颜。农村地区在电气化的助力下，提升了生活水平、带动了村镇富裕。站在村口，看着配网输电线交织盘错，从远方而来，又绵延到另一个远方，光亮铺满乡村，老百姓们"电力先行，带动富裕"的美好愿景，也从梦想照进了现实。

第四节　乡村振兴的电力先行官

2006 年开始，嘉兴市走上了"新农村电气化"之路，加速了城乡统筹和一体化发展，对提振农村地区经济与生活水平，起到了不容忽视的助推作用。

1. 新农村电气化的嘉兴样本

2006 年底，桐乡市成为全国首批"新农村电气化县"，接着，嘉兴市共有 7 个乡镇、39 个行政村通过新农村电气化验收。这是嘉兴迈入新农村电气化阶段的一系列标志性事件。

南湖区"新农村电气化工程"启动仪式

档案类型：照片档案　　保管期限：永久

背景介绍

嘉兴电力局在全国率先实现"村村电气化"目标后，结合本市新农村新社区建设，不断完善和优化农村配电网建设，提升高科技应用的水平，广受村民百姓的赞誉。2007 年 6 月 5 日，"新农村电气化建设"启动仪式在南湖区余新曹王村举行。

从那时以来，嘉兴市一直把"新农村电气化"建设作为一项造福于民的"民心工程""德政工程"，作为建设社会主义新农村的重要抓手。

"新农村电气化"在促进城乡统筹发展、加快城乡一体化的过程中，成为一个发力点。2008 年，嘉兴列为统筹城乡综合配套改革试点区，这是一次宝贵的历史发展机遇。为此，嘉兴加大了农村电网建设支持力度，把新农村电气化建设纳入社会主义新农村建设的整体框架，将其作为城乡产业融合渗透和优化升级的新动力。嘉兴坚持"政府发动、乡村主动、电力推动、百姓互动"的原则，把率先建成新农村电气化市作为推进新农村建设和实施城乡一体化战略的重要举措，加大资金投入和政策扶持，强力予以推进。其间，新农村电气化建设工程与农村筑路、造桥、饮水工程一样，成为嘉兴新农村基础设施建设的重要内容。

为此，嘉兴市特别出台了《嘉兴市推进新农村电气化建设的实施意见》，提出了新农村电气化工作的"四步走"发展战略。截至 2009 年 12 月，嘉兴全市累计有 63 个乡镇、833 个行政村通过新农村电气化验收。经过三年多的新农村电气化改造，嘉兴从"县县电气化"，实现了向"镇镇电气化""村村电气化"转变。至此，嘉兴市四步走战略目标已经实现，成为全国首个"新农村电气化市"的城市。

兵马未动，粮草先行。嘉兴新农村电气化的建设与改造，给农村地区打下了坚实的供用电硬件设施基础。农村供电可靠率、综合电压合格率和城市地区已经相差无几，用电量也不断攀升新高。在新农村电气化建设与改造的具体实施过程中，嘉兴电力与地方新农村建设规划相结合，同时密切与电网薄弱村的改造相结合，优先解决农民最急需、政府最关注的供电"卡脖子"、低电压、抗灾能力不强等突出问题，并取得了突出成效。

此外，农电管理工作也是不容忽视的重点。嘉兴电力对此提出了"以点带面"的策略——即把工作基础扎实、农电管理好的乡（镇）、村优先纳入新农村电气化建设范围，把第一批建设的新农村电气化镇、村建成"精品"工程，充分发挥"以点带面"的示范效应。新农村电气化建设与改造的实施，还带动了技术进步。一系列新技术、新设备、新工艺，用在了实施变电站主变有载调压改造等项目。嘉兴电力除了在"硬件"上建设坚强电网，在"软件"上持续深化优质服务，双管齐下打造"新电力"、服务"新农村"的良好局面。以农村地区基层供电所为锚点，嘉兴电力先后开展群众满意基层站所、星级供电营业所、文明示范窗口、供电服务之星等典型创评活动，有力提升了供用电服务水平。

嘉兴成为全国第一个大网供电的新农村电气化市

档案类型：实物档案　　保管期限：永久

背景介绍

2009 年 12 月 25 日，嘉兴顺利通过由浙江省经信委、省农办、省电力公司的考评验收，成为全国第一个大网供电的新农村电气化市。

为了让农民享受与城市居民一样的服务和实惠，嘉兴电力在农村地区积极推广峰谷电表。推出"电力服务到台区"制度，启动实施农村台区客户经理制，为客户提供用电便民服务。努力解决好农民表后线路、农业生产表后线和农村路灯等农村用电热点、难点问题。嘉兴电力人还积极探索农村表后服务新路子，尝试"95598"电力服务热线与"96345"社会化服务热线对接。此外，按照"谁受益、谁出资"的原则安装农村路灯，产权归所属村委会，日常管理由村委会负责，供电部门协助维护。对完成"亮化"的"新农村电气化村"，把村级所在地主干路的路灯电费纳入附加费支出，最大限度降低农民负担。

浙江首家覆盖全市的嘉兴电力 95598 客户服务呼叫中心启动

档案类型：照片档案　　保管期限：永久

背景介绍

2002 年 6 月 18 日，浙江首家覆盖全市的嘉兴电力 95598 客户服务呼叫中心启动，嘉兴电力"95598"客户服务系统提供的服务要求覆盖各县市供电局，市局设置呼叫中心。

在推进城乡统筹发展、城乡一体化的过程中，嘉兴电力根据农村地区的地理人口实际情况，陆续深入开展"优质服务年""电力春风行动"等主题活动，实行首问负责制、客户经理制、服务承诺制、客户回访制等制度，推出个性化服务、志愿者服务等特色服务。建立健全内外部监督机制，开展明察暗访和第三方满意度测评，客户满意度达到95%以上。公司加强窗口人员服务技能、规范和礼仪培训。在广泛开展特色服务品牌试点基础上，根据行业特点、时代要求和地域特色，在嘉兴地区统一打造"红船服务"品牌。如今，优质的供用电服务，已经走进了嘉兴农村地区每一个老百姓的家里。

2. 乡村振兴的电力宏图

2017 年，习近平总书记在党的十九大作出实施乡村振兴战略的重大决策部署。浙江省委、省政府编制《浙江省乡村振兴战略规划（2018—2022年）》，全面推动乡村产业、人才、文化、生态振兴。浙江省电力公司与嘉兴电力主动融入全省乡村振兴的重大工程、重大计划、重大行动，全面推进"乡村振兴、电力先行"战略实施。

为缓解人民日益增长的美好生活需要和不平衡不充分的发展之间的矛盾，充分发挥服务新时代"三农"的电力先行官作用，嘉兴电力积极与政府对接，深度融入"千万工程"和美丽乡村规划，建设现代一流农村配网，同时深入基层感受居民对电力的迫切需求。嘉兴电力制定了配网项目信息"数据库"，稳步高效实施了农网升级改造工作。与此同时，为了降低乡村居民停电感知度，嘉兴电力增强县域不停电作业能力和地县一体化协同，推广小型低压储能车、中压发电车、带电作业机器人等新装备和新型绝缘杆作业项目，践行了"停设备、不停用户"理念。正值新能源战略的改革东风，嘉兴电力积极拓展综合能源模式和内容，推进光伏发电、风能、核电等清洁能源，满足农村多元化用能需求。建立储能电站，完善线路跨区互联机制，开展能源互联网形态下多元融合高弹性电网建设。强化抢修协同，提升客户服务水平，依托业务信息平台，强化故障抢修指挥，居民电力故障复电平均时长由 76.9 分钟降至 28.2 分钟。嘉兴率先在全省具备 10 万千瓦分钟级可调节负荷能力。

嘉兴首个"三型一化"乡镇营业厅揭牌运营

档案类型：照片档案　　保管期限：永久

背景介绍

2018 年 12 月 28 日，嘉兴余新供电营业厅揭牌，标志着嘉兴首家"三型一化"C 级营业厅正式投入运营。余新供电营业厅进行全面升级改造，打造了一个集智能型、市场型、体验型、线上线下一体化建设于一身的兼具科技感和现代感的全能型智能营业厅。

嘉兴电力深化实践"最多跑一次"改革，配合乡镇政府完善农村公共服务体系，构建数智农村供电服务体系，推行构建"网上办、掌上办、就近办、上门办、帮着办"的农村前沿服务模式。

海盐"农家土灶改电灶"工程

档案类型：照片档案　　保管期限：永久

背景介绍

2017 年，红船共产党员服务队里被称为"金点子"的陆升华在走访秦山街道文溪坞时发现，居民"土灶冒烟"的问题严重影响了美丽乡村建设，为解决污染问题，经过三年多的研发，2019 年研发出更适合农村百姓的第三代电灶头。

新时代乡村电气化在嘉兴前景广阔，生机勃勃。海宁盐官建成全省首个全电景区，推广全电民宿、全电厨房等项目。在嘉善西塘桃源渔歌风景线沿线，农村地区建设起智慧渔业、智能农业大棚等"电力十景"。海盐试点建设"全电村"，创新推广农村土灶"柴改电"项目，累计完成柴改电、气改电 537 户，减少柴火消耗约 8.53 吨，实现碳减排 15.64 吨，每年为村民增收 13.89 万元，助力农民富裕富足，入选全国乡村振兴优秀案例。2020 年，嘉兴市城乡居民收入分别达到 6.41 万元和 3.98 万元，农村居民人均可支配收入连续 17 年居全国第一；城乡居民收入比 1.61:1，保持全省最低，是全国城乡发展最均衡的地方之一。在此过程中，"乡村振兴·电力先行"服务体系为城乡一体化高质量发展作出了积极的贡献。

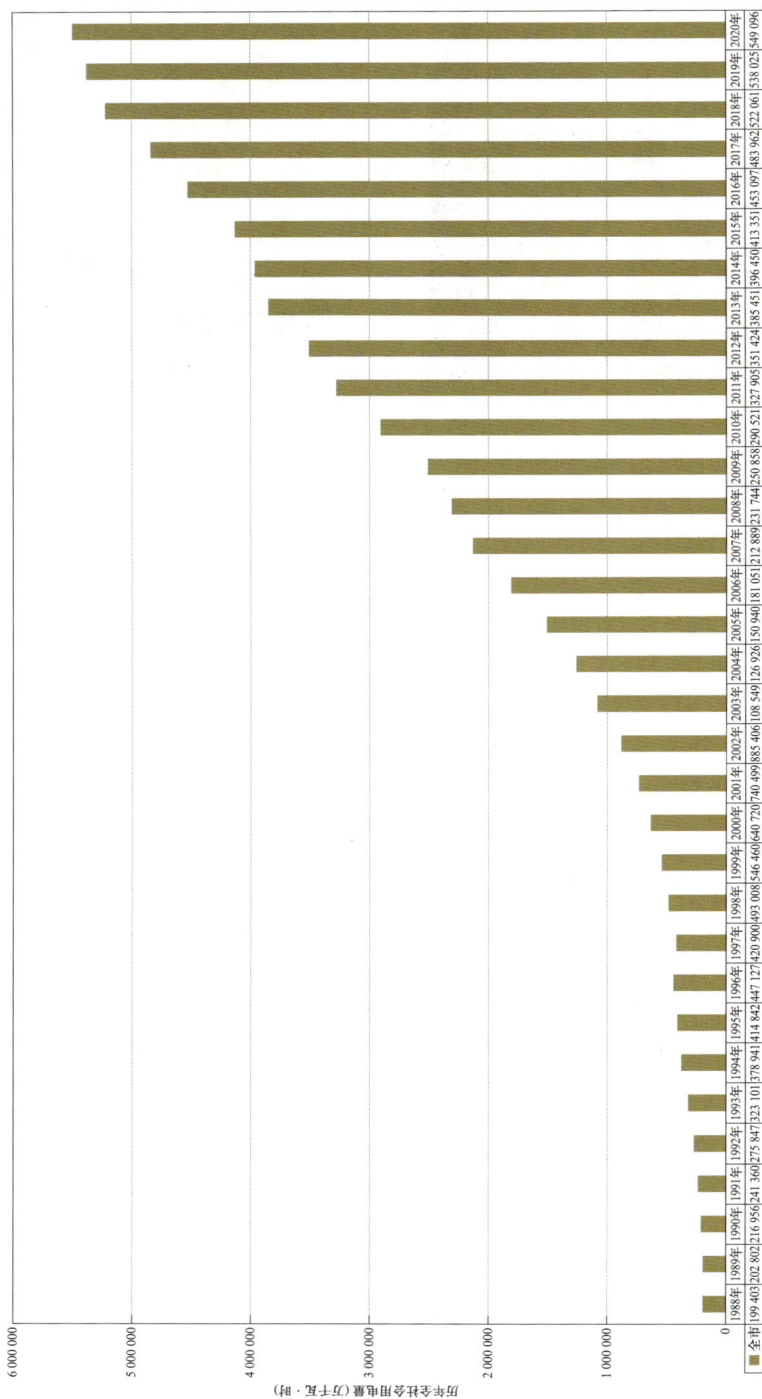

浙江省嘉兴市历年全社会用电量趋势图

历年全社会用电量(万千瓦·时)

年份	全市
1988年	199 403
1989年	202 802
1990年	216 956
1991年	241 360
1992年	275 847
1993年	323 101
1994年	378 941
1995年	414 842
1996年	447 127
1997年	420 900
1998年	493 008
1999年	546 460
2000年	640 720
2001年	740 499
2002年	885 406
2003年	108 549
2004年	150 940
2005年	126 926
2006年	181 051
2007年	212 889
2008年	231 744
2009年	250 858
2010年	290 521
2011年	327 905
2012年	351 424
2013年	385 451
2014年	396 450
2015年	413 351
2016年	453 097
2017年	483 962
2018年	522 061
2019年	538 025
2020年	549 096

如今，站在建党百年的重要节点，红船起航地的嘉兴提出了加快打造共同富裕先行地的目标。作为嘉兴重要的能源服务核心企业，嘉兴电力以服务乡村振兴、助力共同富裕先行地建设为目标，积极推动乡村清洁低碳发展。

　　乡村振兴的宏图远志中，必定有我；共同富裕的历史舞台上，必定有我。嘉兴电力人，昂首阔步，走在乡村振兴的最前线。他们虽然默默无闻，却是最可爱、最值得信赖的"电力先行官"。

第五章 红船精神·电力传承

第一节 烟雨南湖中的红色电光

"南朝四百八十寺，多少楼台烟雨中"，杜牧《江南春》中的千古绝句，除了留下不朽诗名，还留下了一座名楼——烟雨楼。

此楼位于嘉兴南湖的湖心岛上，正楼高两层，重檐画栋，朱柱明窗，掩映在绿树红花之中。绕至楼前，董必武题写的"烟雨楼"牌匾赫然入目。烟雨楼始建于五代后晋，原址位于南湖湖滨，几经兴废。到 1918 年时，嘉兴知事张昌庆召集会绅，募集捐款重建了烟雨楼。

嘉兴南湖湖心岛外景图

背景介绍

1964 年 4 月 5 日上午，董必武视察南湖。他登上烟雨楼，欣赏雨中南湖的湖波浩渺，认真观看"中共一大史料陈列"，并向随行人员讲述一些中国共产党早期革命活动的情况。在会客室稍做休息后，董必武前去参观中共一大纪念船，并挥毫题诗曰："革命声传画舫中，诞生共党庆工农；重来正值清明节，烟雨迷蒙访旧踪。"

1921 年 8 月初的一天，一批神秘的游客忽然造访嘉兴南湖，在烟雨楼附近租了一艘丝网船。水波不兴，清风徐来，他们颇有雅兴地在南湖"遨游"了一天，当时谁也想不到，这一批游客是来此处开会的，而这次会议如此重要，直接引发了未来中国百年的沧桑巨变。他们正是中国共产党第一次全国代表大会的参会代表们，毛泽东、董必武、王尽美、邓恩铭、何叔衡等中国近代革命史上不朽的人物，参加了此次会议。

当时全国一共才有 57 名共产党员，这 13 位代表的身份或是记者，或是学生及老师，身份平凡。那个年代正值神州陆沉，中国积弱已久。民族的前途，国人的命运到底该走向何方，无数仁人志士都在探求救亡图存之道。8 月 2 日当天，这艘丝网船泊在离烟雨楼东南方向 200 米左右僻静的水域，上午 11 点左右，"一大"南湖会议正式开始。下午 6 点多钟，会议完成了全部议程，胜利闭幕，庄严宣告中国共产党成立❶。

夜色渐深，薄雾初起，夕阳隐没在湖山之间，一大代表们心中却升起了希望的灿烂朝阳，他们找到了革命的方向，看到了胜利的曙光。烟雨楼和那艘丝网船默默见证了：中国共产党第一次全国代表大会通过了党的纲领，规定了党的奋斗目标、民主集中制的组织原则和党的纪律。

20 世纪 20 年代初，嘉兴市区及各县城已经有了多家电灯公司和电厂，市区里电光微芒，宛如星星点点。然而，南湖附近当时并没有电灯照明。烟雨楼到了晚间时分，只有煤油灯和火烛照亮。这艘丝网船在晚间靠岸后，船上的代表们互道珍重，先后悄悄离船各奔远方，他们把党的使命与革命

❶ 宗郑礼《南湖红船的故事》（摘自《浙江日报》）。

第五章 红船精神 电力传承

的火种，传播四方，汇聚人杰，改写华夏宏图，书写全新的历史篇章。

嘉兴南湖烟雨楼通电

档案类型：照片档案　　保管期限：永久

背景介绍

1934 年（民国二十三年），嘉兴遭受历史上罕见的旱灾。嘉兴数月无雨，南湖水位下降，游船停航。嘉兴名胜风景管理区委会向永明公司申请烟雨楼安装电灯，公司电力工人在湖滨盐仓桥下，南湖湖中央及烟雨楼架线，烟雨楼从此有了电灯。

烟雨莽苍苍，星火已燎原。就在革命志士奔赴全国各地，历经磨难坎坷，点亮星星之火的时候，嘉兴的电力工业发展迅速，照明范围不断扩大，工业用电也陆续出现。1934 年，烟雨楼第一次被电灯点亮。当时承担这项任务的，是永明电灯公司的电力工人们。他们从湖滨盐仓桥下拉线架杆，一直架接到南湖的湖心岛上，在烟雨楼畔，实现了通电。电灯光芒终于照在了烟雨楼上，它历经千年沧海桑田，坐看工业文明的气息悄然而至。光芒之下，一个由工人阶级组成的群体，似乎已开始探寻曾经那团红色火焰所传递的温度。

1937 年，嘉兴沦陷，烟雨楼也被日军占领。次年，日军把烟雨楼改造成了"华中铁道公司食堂"，这是烟雨楼的至暗时刻。同一时期，嘉兴电力事业也陷入一片黑暗，永明公司被日商华中水电株式会社侵占。民丰造纸厂一度拒绝和日军合作经营，最终还是被日商三岛制纸株式会社强占，其自备电站也被日军霸占，并从该自备电站转供电 100 千瓦，用以维持嘉兴城区、车站作坊、水泵及驻地的用电。日军气焰嚣张，山河破碎悲壮，很多国民对抗日战争的胜利一度失去信心。

档案

题名：周恩来给陆与可的题词：前途光明

1939 年（民国二十八年）3 月 30 日晚，周恩来在绍兴火珠巷木桥弄王子余（周恩来姑夫）家会见陆与可、史美钰、蒋桐生、周文元、顾康年 5 位电力工人。他勉励大家要"关心国事，发展生产，支援军需，供给民用，思想上要有四万万同胞，做有益于抗战的事"。周恩来为他们分别题词，给陆与可的题词：前途光明，给史美钰的题词：光明在前，给周文元的题词：光明灿烂，给蒋桐生的题词：无限光明。给顾康年的题词：为光明而奋斗。

1941 年 4 月，电力工人陆与可等人从绍兴辗转至嘉兴永明电灯公司工作，他随身保存着一幅由周恩来同志题写的"前途光明"的题词。这幅题词能够保存下来，殊为不易。当年，陆与可从绍兴赶往嘉兴时，绍兴火车站已经被日军占据，火车站戒备森严，日军在大肆搜查革命者。陆与可若是贸然带着这幅珍贵的题词去嘉兴，极有可能被敌人查获，后果不堪设想。这幅题词意义重大，绝不能落在敌人手中。陆与可立即返回到厂宿舍，小心翼翼地用牛皮纸对折将题词夹在中间，藏于写字桌抽屉底板反面，并用图钉按好，直到看不出半点破绽，才悄悄离开。后来在嘉兴永明电灯公司工作的陆与可，因为时事动荡，一直无法返回绍兴取回题词，但他始终惦念此事，找旧友多方打听，得知这幅题词已经被一个同事以收藏为由占为己有，而此人已迁居杭州。陆与可冒险几次赶往杭州，说服此人，物归原主，终于把题词带回嘉兴，随身保管。

就这样，周恩来亲笔题写的"前途光明"题词得以保全。这幅题词和它背后的故事极大地鼓舞了嘉兴电力工人们的革命斗志，他们坚信，虽然禾城大地陷入沉沦黑暗，可是这黑暗必定是短暂的，禾城终究会迎来黎明的曙光。

烟雨楼北边的来许亭有一副楹联，写出了当时烟雨楼的"心声"，眼看祖国大好河山支离破碎，悲壮慨歌浮上心头："如此好楼台，宜晴宜雨，宜月宜风，与诸君随遇徜徉，非必赏心乐事；这般乱世局，或哭或歌，或鼓或罢，愿我辈及时支柱，莫教腾笑湖山。"所幸的是，嘉兴第一代电力人的革命斗志坚韧不屈，他们历经战火流离，饱尝世事辛酸，没有向敌人投降，没有向黑暗屈服，成功留存了嘉兴电力光明的火种。

中华人民共和国成立后，烟雨楼重新回到了人民的怀抱，嘉兴地区的电厂和电灯公司，也远离了战火硝烟。随着国民经济开始恢复，嘉兴各电厂和电灯公司逐步进行社会主义改造，稳步推进公私合营。与此同时，党的旗帜也开始在嘉兴电力事业中高举飘扬。"烟雨楼台，革命萌生，此间曾着星星火；风云世界，逢春蛰起，到处皆闻殷殷雷。"1963年，董必武重游嘉兴南湖，回想起四十二年前的往事，不禁感慨，题写了上面这副楹联。

如今回首，再看嘉兴南湖烟雨楼，革命的红船静静停泊，仿佛依然诉说着历史长河中那个特殊的日子——100年前，中国共产党成立了。往事如烟，燎原的星火中，隐约可见红色的电光在跳动，电光闪烁，似在诉说：没有中国共产党，就没有嘉兴电力事业蓬勃发展的今天。

第二节　嘉兴电力党组织的沿革

20世纪50年代初，嘉兴各县电力企业开始在先进工人中发展中国共产党党员，并着手建立党的基层组织。嘉兴各县镇的小电厂在所在地方党委的领导下，一边恢复生产，一边发展党员。早在 1949 年 12 月，嘉兴永明电气公司孙大虎、吴大照光荣加入中国共产党组织，成为嘉兴电力系统首批入党的职工。他们的入党，激励了嘉兴电力工人们以百分百的热情投入到电力建设事业中去。各个党支部、党小组也陆续建立起来，红色星星之火，开始在嘉兴电力系统燎原。1952 年 8 月，位于乌镇的桐乡县公营电气米谷厂建立了党支部，这是嘉兴全市电力工业企业第一个建立于基层的党支部。该支部的建立，意味着党开始对电力企业进行全面领导。1953 年 3 月，嘉兴永明电气股份有限公司党支部成立，隶属中共嘉兴县委。这家已经成立四十年的"电力老字号"，树起了党的红色旗帜。到 1958 年底，海宁电厂、海盐电厂、平湖电厂、桐乡电厂和嘉善电厂等单位先后建立了党支部，嘉兴电力事业全面接受党的领导，走上了光明之路。1960 年前后，嘉兴电力企业开始改制，各县镇的小电厂以县为单位合并组建各县电力公司，作为组织结构中最重要的一环，各县公司党组织也同时建立起来。截至 1961 年底，嘉兴全市电力系统共建立 1 个党总支、5 个党支部，有中共党员 82 名，隶属于各县地方党委。

1956 年 1 月 18 日，私营工商业社会主义改造千人游行

档案类型：照片档案　　保管期限：永久

背景介绍

1956 年初，全国范围出现社会主义改造高潮，资本主义工商业实现了全行业公私合营。国家对资本主义私股的赎买改行"定息制度"，统一规定年息五厘。生产资料由国家统一调配使用，资本家除定息外，不再以资本家身份行使职权，并在劳动中逐步改造为自食其力的劳动者。

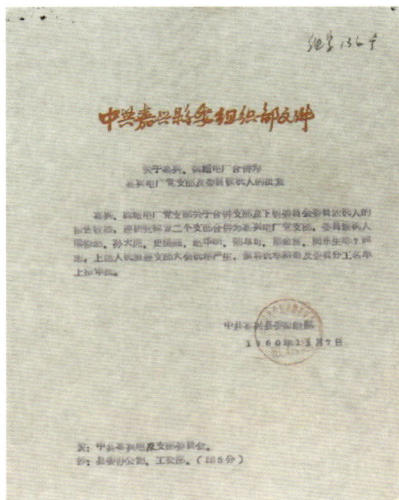

中共嘉兴县委组织部文件《关于嘉兴、魏塘电厂合并为
嘉兴电厂党支部及委员候选人的批复》

档案类型：文书档案　　保管期限：永久

背景介绍

1960 年 11 月 7 日，中共嘉兴县委组织部文件《关于嘉兴、魏塘电厂合并为嘉兴电厂党支部及委员候选人的批复》。

在党的领导下，嘉兴电力工业蓬勃发展，在全市推广电力排灌的工作中取得了斐然成效。1962 年嘉兴供电局党委成立以后，隶属中共嘉兴地区委员会，同时，受浙江省电业管理局党组领导。嘉兴供电局党委严格按照党的章程，建立基层党组织，发展新党员。这一年，局党委建立了机关、检修队两个直属党支部。至 1965 年，嘉兴供电局直属单位，建有党支部 2 个，各县电力公司有党总支（支部）12 个，合计党员 174 名。

党组织在嘉兴电力扎根后，党员们成为嘉兴供电局的责任担当和业务骨干，他们的先锋模范作用，激励着其他干部职工奋发向上。尽管在 1966 至 1976 年间，党委的作用一度受到削弱，但在 1971 年 9 月 16 日，嘉兴供电局第一次党员代表大会还是成功召开了。当时参加会议的党员有 72 名，会议历时四天。虽历经坎坷，但党员的人数规模不断在嘉兴电力系统中扩大，他们也成长为嘉兴电力发展不可或缺的栋梁之材。到 1978 年 1 月，嘉兴电力局在系统内部实行党委领导下的局长（经理）分工负责制，党委设政治处，加强对企业的政治思想领导。当年底，嘉兴电力系统党组织有：党委 1 个，党总支 2 个，党支部 19 个，党员 247 名。其中，嘉兴电力局直属基层党组织，从 1971 年第一次党员代表大会以来，在优秀工人、干部和技术人员中先后发展新党员 17 名。

关于召开中国共产党

嘉兴供电局第一次党员大会的通知

检修队、局机关党支部，各电力公司及石门变党支部：

在毛主席无产阶级建党路线指引下，在上级党委的亲切关怀和正确领导下，中国共产党嘉兴供电局第一次党员大会的筹备工作已经就绪。现经局党的核心小组研究，并报请中共嘉兴县委批准，决定于本月十六日到十九日在嘉兴召开中国共产党嘉兴供电局第一次党员大会。

这次大会的指导思想是：高举毛泽东思想伟大红旗，以党的"九大"为光辉榜样，突出思想和政治路线方面的教育，认真总结我局无产阶级文化大革命的经验，进一步激发无限忠于毛主席的无产阶级感情，提高阶级斗争、路线斗争和继续革命觉悟，更好地紧跟毛主席、照毛泽东思想办事、忠实执行毛主席革命路线，为继续完成党的"九大"和九届一中全会、二中全会提出的各项战斗任务，"团结起来，争取更大的胜利！"

关于召开中国共产党嘉兴供电局第一次党员大会的通知

档案类型：文书档案　　　保管期限：永久

背景介绍

1971 年 9 月 10 日，浙江省嘉兴供电局革命委员会发文："关于召开中国共产党嘉兴供电局第一次党员大会的通知"。

1978 年，十一届三中全会召开后，改革开放拉开帷幕，全党工作重心向新八字方针和经济发展转移，国民经济得到了调整与整顿，社会政治也走入了正常轨道。随后的 1980 年 1 月，嘉兴电力局召开了第二次党员代表大会，50 名党员代表共聚嘉兴。大会历时两天，通过了《关于加强党委自身建设的决议》。这场距第一次党员代表大会过去九年的会议，是一场及时雨。从那时起，党员先锋模范作用更加激励着嘉兴电力工业开拓进取。在嘉兴电力各党组织的带领下，全局上下统一思想、凝聚人心，推动着嘉兴电力工业在二十世纪八九十年代先后完成了电气化县、电气化村、电气化市的建设。1992 年，嘉兴电力局党委又在全局职工中广泛开展社会主义思想教育，组织学习党的十四大精神和邓小平同志南方谈话精神，开展"解放思想、转变观念"大讨论，起到了关键的宣传引导作用。而在世纪之交的"两改一同价"工程中，嘉兴电力局党委的决策领导也起到了领导核心作用。

进入新世纪后，嘉兴电力局党委结合企业提出的目标和任务，开展了"唱响主旋律，确保网一流，力争国一流"主题教育活动，又在同一时期开展以"颂党爱国心连心，追求一流更奋进"为主题的宣传教育活动和"整顿作风、整顿环境"活动，进一步提高员工的进取精神和服务意识。这种优秀的服务意识和积极进取精神，如今早已内化成为嘉兴电力事业的传统。从 2001 年开始，嘉兴电力局逐步将企业文化建设纳入企业发展战略。为此，嘉兴电力局成立了由局主要领导亲自挂帅的企业文

前途光明——嘉兴电力通史

化建设领导小组，设立了相应的工作机构力推企业文化建设，企业精神文明建设得到了长足发展。

时光荏苒，截至 2021 年 5 月，嘉兴电力共有党组织 145 个，其中党委 11 个（嘉兴公司党委、本部党委、五个县公司党委、三个分公司党委、恒创集团公司党委），总支 5 个，支部 129 个，共有党员 2128 名。六十年一甲子，嘉兴电力的党建工作取得了丰富硕果。

党的十九大报告明确指出，党政军民学，东西南北中，党是领导一切的。抓党建就是抓发展。这既是中央要求和国家电网公司党组的要求，也是国网浙江电力、嘉兴电力自身发展的需要。如今，嘉兴电力党委没有辜负这一伟大历史使命，他们接过前人留下的光明火种，继续率领嘉兴电力勇往直前。

第三节　党管企业的和谐光辉

船帆高扬，方能远航。如果说嘉兴电力是一艘巨轮，那么嘉兴电力历届党委班子就是高扬的船帆，带领企业干部员工克服险阻，乘风破浪。"千淘万漉虽辛苦，吹尽狂沙始到金"，嘉兴电力党委凭一颗电力初心，一步一个脚印，终达千里之外，编织出一片灿烂的电力图景。

1. 荣光照耀奋进路

一直以来，嘉兴电力党委在上级党组织的坚强领导下，充分发挥领导核心和政治核心作用，致力于企业党的建设、人才队伍建设和企业精神文明建设，一手抓生产经营，一手抓精神文明，以当好红船精神"护旗手"、做好旗帜领航"先锋队"、勇当改革创新"排头兵"为己任，在安全生产、科学发展、深化改革、服务地方等工作中始终保持对党和人民的忠诚、对嘉兴以及浙江电力发展的忠诚。嘉兴电力党委多年来从大局处着眼，从细微处着力，书写了一个个"嘉电样本"，时刻彰显新时代责任央企的先锋风范。

伴随社会经济不断发展，嘉兴电力的企业综合实力也逐渐增强。特别在进入新世纪之后，企业管理与发展水平更是在党的光辉中不断攀升。

底气源于实力，荣誉彰显成绩。2017 年，嘉兴电力入选第五批"全国文明单位"，这充分反映出了嘉兴电力党委领导班子团结协作，作风民主，以身作则，在创建活动中发挥模范带头作用的工作成效。年复一年，嘉兴电力党委紧紧围绕党和国家重点工作、重大活动、重要节庆，深入开展"讲文明树新风"活动。嘉兴电力时刻不忘电力服务心贴心和服务创新，积极履行社会职责，推出"红船服务队"品牌，建设光明驿站……这一系列接地气的电力服务举措，深受广大嘉兴老百姓的信赖与欢迎。在这种浓厚的文明氛围感召下，下属国网嘉善县供电公司于 2020 年荣获第六批"全国文明单位"称号、国网桐乡市供电公司于 2021 年荣获第七届"国家电网有限公司文明单位"称号。

全国文明单位

档案类型：实物档案　　保管期限：永久

背景介绍

2017 年 11 月，国网嘉兴供电公司荣获"全国文明单位"称号。

一朝的客户信赖，来自长久的用电安全保障，而嘉兴的安全生产也一直走在前列。早在二十世纪七八十年代的农电管理中，嘉兴电力就率先使用漏电保护器，在农村用电安全方面取得了显著的成效，大大降低了当时的触电死亡率。随着科技的创新和人才的培养，嘉兴电力企业的安全生产水平在进入新世纪之后更是不断攀升。

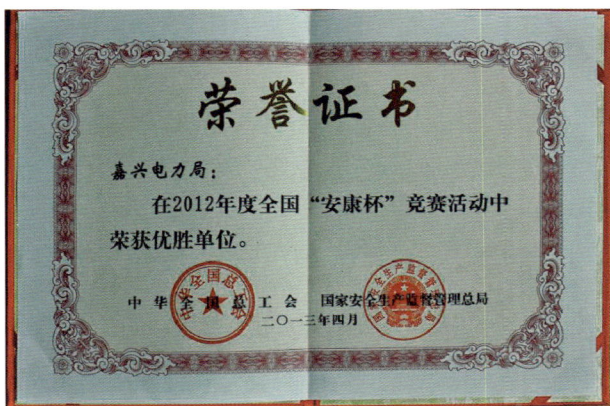

安康杯优胜单位

档案类型：实物档案 保管期限：永久

背景介绍

2012 年，国网嘉兴供电公司荣获"安康杯"竞赛优胜单位。

从 2004 年开始，嘉兴电力更是连续十五年获得全国"安康杯"竞赛优胜单位称号。这与嘉兴电力党委一贯注重在广大职工中宣贯安全生产理念是分不开的。嘉兴电力多年来通过各种丰富多彩的活动，润物细无声，给广大职工传播"安全第一"的生产理念。嘉兴电力长年进行安全文化宣传与作品创作，开展安规知识学习与考试，坚持把安全隐患排查作为日常工作。正是付出了"台下十年功"，方才有"台上一分钟"的耀眼和成绩。

正是靠着优质、安全的供电服务，嘉兴电力享誉全国电力系统，曾获得国家电网公司"金牌共产党员服务队"、国家电网公司"企业文化示范点"、省公司"精神文明建设先进单位"、省公司"先进基层党组织"等光荣称号。如今嘉兴电力的服务已是高歌嘹亮的品牌，在禾城大地的每一个角落唱响，深得嘉兴百姓和社会各界的认可，嘉兴电力因此获得了嘉兴市"最具社会责任感企业"等荣誉称号，并多次受到全国、网省公司、嘉兴市的各类表彰。

梅花香自苦寒来，既往荣誉不是歇脚石，而是奋进梯，既是对嘉兴电力取得成就的肯定和赞许，更是对嘉兴电力继往开来、再铸辉煌的殷切期盼。

2. 劳模先锋强队伍

嘉兴电力首创的"劳模工作室"模式，对嘉兴电力乃至浙江电力系统都产生了极其深远的影响。2012 年 6 月，时任中央政治局委员、中华全国总工会主席王兆国对浙江电力劳模工作室作出批示"浙江电力系统劳模工作室的经验很好，要好好宣传和推广。"这也是对嘉兴党委领导下的劳模工作和人才队伍建设的极大肯定。持之以恒地发扬劳模精神、劳动精神、工匠精神，最大程度调动了职工们比学赶拼的工作劲头。

全国劳模陈新益工作室

档案类型：照片档案　　　保管期限：永久

背景介绍

2009 年 1 月，以全国劳模陈新益名字命名的浙江省首个劳模创新工作室在海宁电力局成立。陈新益带头传授青年员工拿手绝活，首创"菜单式"培训模式，让工作室迅速成为人才培养的试验田。

经过近几年发展，劳模工作室从最初新工培训、线路比武辅导点发展成为电力综合型人才培养平台，为嘉兴电力源源不断输送着优秀人才。2010 年，"劳模工作室"模式开始在浙江省电力系统全面推广，其平台效果得到了公认，成功经验被电力系统内外广泛关注和借鉴。于是，徐福生、韩明华、王德法、钱栋、周刚……一个个各具特色的劳模创新工作室像星星之火，汇聚起嘉兴电力人前行的心动能。

实际上，劳模创新工作室还将生产、学习、研发相结合，依托工作室技能人才，在改进新工艺、解决新难题、研发新器具等方面发挥了重要作用。在劳模创新工作室中，新员工培训、技能鉴定培训、技术比武培训、班组长培训等重大培训项目轮番进行，并取得了良好效果，工作室成为竞赛集训的重要基地。与此同时，在劳模教练的指导下，各个专业涌现出一批本领高超的"能工巧匠"。

此外，劳模创新工作室充分发挥团队创新作用，在职工科技创新中发挥重要作用，公司职工技术创新成果层出不穷。截至目前，嘉兴公司共有劳模创新工作室 16 个。其中，国网公司示范点 1 个，省总工会命名的"浙江省高技能人才劳模工作室"省部级工作室 5 个，省公司标杆工作室 2 个、省公司示范点 5 个。在专业方面覆盖了供电系统输变配、营销、物资、能源研究、后勤等专业工种，培训工作覆盖嘉兴所辖所有县（市）供电公司和直属生产单位，每年培训学员 5000 多人次。

一个有前进动力的群体，一定会有标杆，一个有创新力的企业，一定会有土壤。显然，嘉兴电力找到了一条凝聚职工力量、引导职工技术创新之路。"劳模创新工作室"已经成为嘉兴电力提升职工职业素养、培养职工创新意识、传授技术技能的前沿阵地。嘉兴电力党委依托"劳模创新工作室"，建立职工思想教育常态机制，引导职工学深悟透习近平新时代中国特色社会主义思想，深入理解国网战略目标、战略布局、战略路径，党的领导"主心骨"作用更加凸显。

在人才队伍的不断发展中，榜样的力量是无穷的。劳模创新工作室由此既成了企业文化宣传的主阵地，也成了劳模精神的传播地。嘉兴电力积极发挥劳模先进引领作用，公司 8 位省市劳模宣讲团成员带头领学《习近平谈治国理政》第三卷，读原著、学原文、悟原理，推动党的创新理论和决策部署落实到工会工作中去。

十多年来，劳模创新工作室已经成为嘉兴电力人成长的绝佳平台，它集传授技能、传承精神、传播文化、创新创效于一身，给嘉兴电力带来了全新的发展前景。

3. 精神文明结硕果

打铁还需自身硬，嘉兴电力取得飞速发展的原动力，恰恰来自企业建设本身。其中，精神文明建设的重要意义和巨大作用，向来被嘉兴电力党委所重视。

嘉兴电力党委着力于坚持和加强党的全面领导，坚持党要管党、全面从严治党。在党的领导下，工会与团青工作宛如左右臂膀，起到了巨大的支撑作用。嘉兴电力工会组织在省公司工会和嘉兴电力党委的正确领导下，开展了大量的工作，形成了关心职工、激励职工的良好企业氛围。嘉兴电力工会及团委利用自身优势，以群众喜闻乐见的形式开展各种文体活动，丰富职工的文化娱乐生活，几十年如一日，为打造职工精神文化家园不遗余力，激发职工们以厂为家的高度主人翁精神。

近年来，嘉兴电力工会充分发挥党工团组织、文联作用，开展"实现我的梦共攀新高峰"文化体育年系列活动，开展"三位一体"竞赛，提升职工综合素质。2015 年，嘉兴电力工会被评为浙江省电力工会先进职工之家，公司女职委被评为浙江省基层工会女职工组织规范化建设示范单位。嘉电工会打造职工之家的多年努力结出丰硕果实。

嘉兴电力工会还着力于推进四个深化，即深化企业民主管理工作、深化劳动竞赛和创新创业活动、深化职工文化建设、深化工会自身建设。嘉兴电力工会深入开展精准服务、暖心服务，以大力实施关爱行动，来凸显职工"娘家人"定位。丰富职工文化活动载体，营造健康向上的氛围。以建立健全职工文体阵地，来营造职工文化氛围，提升企业精神文明建设。

全国五四红旗团委

档案类型：实物档案　　保管期限：永久

背景介绍

2009 年，国网嘉兴供电公司荣获全国五四红旗团委称号。

嘉兴电力共青团组织一直以来紧紧围绕企业各项中心任务，实施"阳光成长导航"等活动，开展"青"字号品牌建设。扎实推进"阳光"系列品牌活动。关心青年员工职业生涯发展，完成公司青年人才库的组建。深化"阳光青年成长导航"活动，引领青年立足岗位建功，深化虚拟团队建设，引导青年员工成长成才。开展"号""岗"创建工作，树立创先争优导向。嘉电共青团还积极引导青年投身社会公益，积极履行社会责任，为此开展了"发现魅力嘉兴"系列活动。

与此同时，嘉兴电力团委锐意进取，坚持党建带团建，以团的政治建设为统领，牢记共青团的初心和使命，深刻把握新时代新使命新要求，以服务企业改革发展和服务青年成长成才为工作主线，着力打造政治引领强、服务大局强、凝聚青年强的"三强"团建，工作不断取得实效，在 2019 年获得"浙江省五四红旗团委"殊荣。

百花齐放，方显明媚春光。嘉兴电力各级组织、各条战线拧成一股绳，劲往一处使，家和万事兴。企业内部党委正确领导、工会团委认真履责、职工团结和睦、企业队伍充满凝聚力和战斗力，这正是嘉兴电力披荆斩棘，一往无前的内源动力所在。往前看，远处有星辰大海，嘉兴电力这艘"电力红船"，必将继续破浪前行，以电力人的初心，服务好嘉兴社会经济振兴，服务好嘉兴 500 万居民的日常生活。

第四节　人民电业为人民

在新时代，扎根革命起航地，大力传承"红船精神"，践行社会主义核心价值观，努力唱响具有行业特点、时代特征和地域特色的供电服务品牌，这既是嘉兴经济社会发展的必然要求，也是嘉兴电力加强内质外形建设的迫切需要。

2007 年 10 月 19 日，嘉兴电力局南湖供电分局红船服务队正式成立。

红船精神的电力传承，从此找到了绝佳的落脚点。服务队成立时共有队员10 名，党员人数占了三分之一。该服务队主要承担南湖区城区 6 个街道、七星集镇 10 千伏及以下企业、居民外部用电设施的抢修工作，辖区内有 10 千伏用户 2137 户，低压用户约 10 万户。红船服务队担负着红船精神电力传承的历史使命，并逐渐成长为嘉兴电力服务的一个金字招牌。

南湖供电分局红船授旗宣誓仪式

档案类型：照片档案　　保管期限：永久

背景介绍

作为承担嘉兴政治、经济、文化中心供电重任的嘉兴南湖供电分局，传承"红船精神"，贯彻国家电网公司"和谐电力"建设要求，于 2007 年 10 月 19 日成立"红船服务队"。

红船服务队创建之初，就迎来了冰雪风霜的严峻考验。2008 年年正月初二，正值春节，罕见的冰灾袭击了南方大片区域，地处山区的丽水遭遇冰灾更是严重。红船服务队抽派精英，组成了南湖突击队，连夜赶赴丽水莲都区抗冰灾、保供电。突击队员们凿冰踏雪，登上海拔 1000 多米的天堂山抢修电网，恢复供电。经过八天艰苦卓绝的努力，圆满地完成了抢修任务。水岭根行政村下属的 8 个自然村因冰灾断电一个多月后全部恢复供电。嘉兴电力铁军在危难关头，履行了"光明使者"神圣的责任，践行了"人民电业为人民"的宗旨。嘉兴红船服务队在这次抗冰抢修的艰巨任务中，交出了让人满意的答卷，向世人证明：这支队伍，是光明使者，值得信赖。

嘉电员工丽水抗冰灾抢险

档案类型：照片档案　　保管期限：永久

背景介绍

2008 年，中国遭遇 50 年未遇的冰雪灾害，给浙江电网带来了前所未有的挑战和困难，地处浙南山区的浙江丽水市险情尤为严重，该市 146 个乡镇，2832 个行政村，5099 个自然村停电，停电户数达到 439 326 户，停电人数达到 1 306 405 人，抗灾抢险形势十分严峻。2 月 4 日下午，浙江嘉兴电力局在浙江省电力公司的统一指挥下举行"抗冰灾光明行动誓师大会"，300 多名电力抢险人员先后赶赴丽水灾区进行抢险支援，在冰雪中用实际行动展现了嘉兴电力人的别样风采。

成功的企业形象塑造既要靠过硬的产品质量和服务，还要靠持续的品牌打造。2009 年，嘉兴电力局第八次代表大会上，《唱响"红船"服务品牌，打造"光明驿站"的实施意见》正式发布，决议大力建设"红船服务队"品牌。但是，要塑造一个品牌绝不是一朝一夕的事情。经过随后几年的试点建设，"红船服务队"已成为具有一定影响力的服务品牌，也成为嘉兴电力局企业文化建设的重点工程。

电力抢修人员对王江泾地区紧急抗台排涝

档案类型：照片档案　　保管期限：永久

背景介绍

2013 年 10 月 9 日，受台风"菲特"影响，王江泾地区出现严重洪涝，嘉兴供电公司电力抢修人员对王江泾地区紧急施工为排涝设施送电。

2010 年 5 月 7 日，嘉兴电力"红船服务队"商标，获国家工商行政管理总局商标局核准注册。商标的成功注册，为服务队注入了无限活力，从这一刻开始，每一个服务队员都感受到了肩上沉甸甸的责任——要用行动和奉献，树起一座服务丰碑。

为进一步深化品牌服务内涵，拓展品牌服务领域和知名度，嘉兴电力党委研究决定，落地实施红船党员服务队全面发展的四项重点工作。

"唱响一个品牌"，即在全市范围内整体推进红船服务队建设，统一打造光明驿站；全面唱响"红船"服务品牌。"实施两点联动"，即与社区服务热线 96345 联动，与农村光明驿站联动。"构建三大体系"，即构建抢修服务体系，构建营销服务体系，构建志愿者服务体系。开展四项活动：即走进农村，着力打造农村光明驿站；走进企业，建设"红船服务·园区驿站"；走进社区，建设"红船服务·社区驿站"；走进爱心领域，构建"红船服务·爱心驿站"。

经过十年的倾心打造，2018 年，国网浙江省电力公司举行"人民电业为人民"专项行动，以"红船"统一命名了全省电力企业的共产党员服务队——国家电网浙江电力红船共产党员服务队，铸造出电力党员服务队"金名片"。

2014 年，嘉兴老旧小区"楼道亮灯工程"

档案类型：照片档案　　保管期限：永久

背景介绍

为完善市区老旧小区居民生活设施，重点解决市区老旧小区楼道无照明的问题，我市正式启动了十二项惠民专项行动之一的老旧小区"楼道亮灯工程"，工程计划总投资 400 万元，改造老旧小区楼道 2645 个。

正如嘉兴老百姓所言，哪里有电力需求，哪里就有红船服务队的身影。国家电网浙江电力（嘉兴）红船共产党员服务队曾荣获全国工人先锋号、团中央抗击新冠肺炎疫情青年志愿服务先进集体、全国电力行业用户满意服务明星班组、国家电网公司金牌共产党员服务队、全国学雷锋活动示范点等荣誉，成为嘉兴市服务群众、守护光明的城市名片。

2020 年 4 月 18 日，国网嘉兴供电公司红船青年突击队在工程现场
监督施工人员进行电杆运转工作

档案类型：照片档案　　保管期限：永久

背景介绍

从 2017 年 7 月 6 日至 12 月 22 日，嘉兴公司先后安排 35 人前往那曲索县开展配网建设专项帮扶工作。此次索县农网改造升级工程累计完成投资 2.23 亿元，新建及改建 10 千伏线路 404.33 千米，新建及改建 0.4 千伏及以下线路 277.17 千米，新建电杆 1 1631 基，新建及改造配电变压器 196 台，总容量 17 210 千伏·安，解决了 5549 户 21 298 人的用电问题，使本次帮扶工作真正成为惠及那曲索县人民群众的"民心工程""德惠工程"。

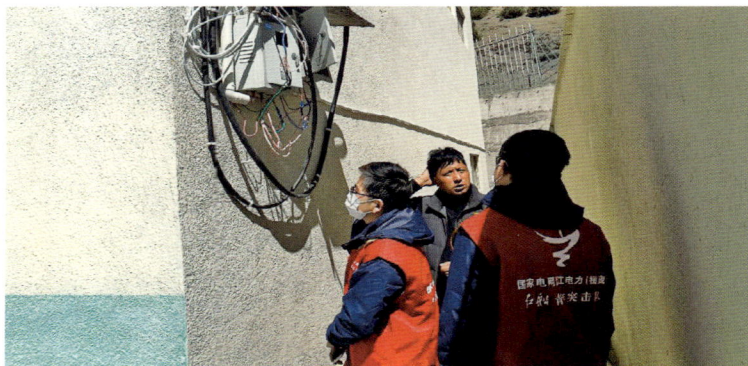

4月15日，国网嘉兴供电公司援藏红船青年突击队队员在
扎拉乡小学对学校供电线路开展巡视

档案类型：照片档案　　保管期限：永久

背景介绍

2020年4月15日，国网嘉兴供电公司援藏红船青年突击队队员在扎拉乡小学对学校供电线路开展巡视，为扎拉乡小学定向开展爱心援助。

2020年初，随着新型冠状病毒感染的肺炎疫情迅速蔓延，疫情防控任务艰巨、形势严峻，红船党员服务队迅速行动。队员们频繁往来于疫情防控最前线的卫生院、集中医学观察隔点，累计巡视线路上万公里，参与现场抢修不下百次。在这场看不见硝烟的战场上，红船党员服务队用实际行动践行初心使命，以勇毅担当彰显党性成色。疫情度过危急时刻后，复工复产的"集结号"开始吹响，红船党员服务队在抓防疫电力保障的同时，不等不靠，主动迎击疫情"第二战场"，全面落实"足不出户，线上办电"服务。在疫情防控阻击战中，红船党员服务队队员扛起共产党员的"硬核"担当，用务实、灵活和高效的服务，圆满完成"保电护航"的重任。

南湖分中心红船服务队员在月河景区线路巡检

档案类型：照片档案　　保管期限：永久

背景介绍

2020 年 3 月 20 日，南湖分中心红船服务队员在月河景区线路巡检，疫情即将过去，为将迎来大流量游客观光的景区照明提前保证电力供应。

遥想当年，一艘红船，悠然南湖之上，天高云低，笑谈间，风满座，气横秋。这艘革命红船象征着革命精神的宝贵传承。一条红船，孕育了中国共产党，"红船精神"同井冈山精神、长征精神、延安精神、西柏坡精神等一起，伴随中国革命的光辉历程，共同构成党在前进道路上战胜各种困难和风险、不断夺取新胜利的强大精神力量和宝贵精神财富，蕴含着极其丰富和博大精深的内涵。

同样，嘉兴电力不断深化"红船精神、电力传承"特色实践，取得累累硕果，这与坚持党的领导、加强党的建设是决然分不开的。在红船党员服务队为代表的嘉兴电力人所担当的社会责任背后，可以看到的是人民电业为人民的初心。

电业为民，未来可期。

追求光明，展望未来

　　站在中国共产党建党一百周年的历史新起点，回望嘉兴电力百年发展历程，览沧海桑田之变，长日月鸿鹄之志。禾城古老的历史画卷渐渐褪去光影，崭新的嘉兴新城如今灯火通明。一代代嘉兴电力人努力拼搏，不仅点亮了万家灯火，更是把工业文明时代的先行官——电力能源送往嘉兴每一个角落，所过之处，如春风造物，电光燎原。数过往辉煌，只为再攀高峰，书壮阔史卷，唯记电业初心。

1. 逐梦来时路

　　中国近现代工业的发展之路，是从鸦片战争失败的屈辱中开始的。伴随着刻入山川河海的累累伤痕，中国这条沉睡的巨龙缓缓睁开了眼睛，逐渐苏醒，踏上从农耕文明走向工业文明的道路，一路风雨交加，充满坎坷磨难。

　　"五口通商"之后，上海一带渐渐成为中国接触西方工业文明的前沿阵地。嘉兴地处长三角核心区，毗邻上海，易得风气之先，工业文明的季风就此悄然吹拂这片平原大地。事实上，近代各种战争失利与不平等条约签订，早已带给中国深深的屈辱，国民中最早睁眼看世界的一批精英，通过洋务运动，努力追赶工业文明疾飞的步履。而以张謇为代表的实业家们，则高举"实业救国"的旗帜，师夷长技以制夷，试图把工业文明的成果，化作民族自救自强的良药。

　　嘉兴的电力工业，正是在百折不挠的近代工业发展助推下，从黑夜幽暗中蹒跚而至，这片多情却又多难的土地，正是滋养实业救国壮志，孕育电力光明初心的土壤。当时的嘉兴走在"实业救国"的最前线。19世纪末，嘉兴城区已经涌入了许多工业文明的"产物"，如海关、电报局、汽轮客运、近代中小学校、教会办的医院等新生事物和一些现代企业。而那一时期，象征中国现代电力工业文明的第一盏电灯已经于1882年在上海点亮。30年后，嘉兴终于在1912年追上电光，这一年，永明电灯公司成功发电，把嘉兴现代文明的历史脚步照得明亮。

初心虽炽，道途多舛。彼时国人困于千百年封建迷信，视电灯如洪水猛兽，陈旧观念横亘在农耕文明与电力工业之间，成为两者握手的无形阻碍。而当时帝国主义实行经济殖民，一度扼住中华命运咽喉，发电技术与设备尽数掌握在外国人手中。实业资本家们不得不从国外购进机组，凭借寥寥无几的电力从业人员，艰难运营，发展很慢。民国政府的腐败，更是给嘉兴电力发展平添阻力，用电不给钱，甚至屡现偷电窃电，无疑加剧了嘉兴电力的艰难处境。抗日战争全面爆发以后，战火硝烟烧向了电厂厂房，发电机组被炸毁，输电杆塔倒入弹坑，柴油燃料封锁供应，嘉兴各县集镇众多电厂因此纷纷破产倒闭。侥幸生存下来的电厂，又被日寇侵占，这是嘉兴电力的至暗时刻。其时，年轻电力工人陆与可等人，有幸得到并珍藏了周恩来的亲笔题词"前途光明"，仿佛沉沉黑夜里的启明星，温暖并激励了嘉兴电力人积极乐观、坚持斗争、矢志不渝地为光明而战。待抗日战争胜利，受困于国民党政府腐朽的统治，动荡的社会环境，嘉兴电力始终风雨飘摇。

嘉兴电力从无到有，一路走来荆棘遍布，艰苦卓绝。即便如此，凭借嘉兴众多实业家和电力工人的齐心协力，嘉兴电力克服了"三座大山"的倾轧，在当时全国电力版图中占据了重要地位。1948年浙江五大发电厂中，嘉兴独占其二。从禾城无电，到曙光微芒，嘉兴电力的宝贵火种得以留存。

新中国成立后，嘉兴城乡经济开始复苏，并蓬勃发展。嘉兴地处长江三角洲核心区域，襟江带湖，四通八达，冶金、煤炭、炼焦和化学工业等行业用电明显上升，农村用电也开始逐渐发展。发展虽有曲折，但紧接其后的改革开放东风劲吹，嘉兴城乡经济进入了快速发展阶段。改革开放以来，我国经济成就斐然，催动了长江三角洲地区多样化的经济发展模式，进而激发了嘉兴城乡工商农各行业全面发展、"野蛮"成长，这给嘉兴用电量供需平衡带来了巨大的挑战与机遇。

当初"实业救国"的初心，已化作"实业报国"的热忱。源源不断的电能供应，极大地支撑了嘉兴各个产业行业的发展蜕变，一批批有竞争力的企业登上时代舞台，在工业文明的电力聚焦下翩翩起舞。嘉兴 500 多万老百姓的生活，也因为电力光明点亮了生活。嘉兴电力有力地支撑了实业发展，实业发展又反哺了当地民生，提振了地区经济，为国富民强之梦添柴加火。

嘉兴电力在这段从 20 世纪 80 年代就开始翻腾奏响的经济发展嘹亮歌声中，经受住了考验，实现了从"用上电"到"有足够电用"的华丽转身，像阳光翻拨冻土，又如春霖浇灌久旱之田。嘉兴电力理顺了管理体制，以党委班子为核心，一边开展输电线路、变电站和电网建设，连接周边电网，融进浙江电网大怀抱；一边完善管理体制，推动运维、检修、调度等工作事项逐步走上正轨。嘉兴电力电源点建设如火如荼展开，高压铁塔穿越山林，莽莽苍苍；输电线路纵横万里，如织如画；一座座变电站和电厂伫立而起，撑起嘉兴经济发展的电力脊梁。嘉兴从 20 世纪 60 年代开始陆续接入杭州电网、浙江电网、上海电网，另有秦山核电站、嘉兴发电厂一期、二期拔地而起。嘉兴遂成为华东电网重要的南北通道，奠定了其长江三角洲能源战略要地的核心枢纽地位。

2. 远瞻新征程

进入 21 世纪以来，中国开始融入全球化发展的历史潮流中来，传统的制造业大国，逐渐积累起了技术经验和优势，后来而居上，从前那种技术设备完全依靠外国支援，被别人牵着鼻子走的岁月一去不返。如今，中国超级计算机技术已经多年蝉联全球之冠，5G 技术开始广泛应用，芯片自主研发也走上探索之路；核电、特高压、光伏、高铁、航天技术等领域不但已经领先世界，而且开始走出国门，成为中国闪耀的名片。

嘉兴电力"实业救国"的坚韧初心，经过"实业报国"的热忱之后，如今已经蜕变为"实业强国"的万丈雄心；曾经"实业报国"的家国情怀，业已成为奋发争先、"实业强国"的凌云壮志。时代始终在进步、如风起云涌般变幻，不变的是创变者们的始终不渝的初心。当初那些胸怀家国河山的实业家们，他们的脚印依然有人追随至今。社会在发展，老百姓们的生活也发生着日新月异的变化。嘉兴地区的众多企业工厂，乃至每一个平凡百姓家，对电力能源的需求，不再只是满足用上电，他们对电力使用的诉求也与时俱进，有了新的需求和主张。

嘉兴电力从无电到有电，从有电到"有足够电"，再到今天，变成了对"用好电"的孜孜追寻。嘉兴电力敢于开天辟地、永争人先的创变者精神，已经融入每一个嘉兴电力人的血脉。随着 2012 年《中国的能源政策》白皮书的发布，嘉兴电力再次站到了命运转变的焦点之上。从 1912 年的一盏电灯到 2012 年的一次转变，嘉兴的能源模式将在新的百年里写下全新篇章，一张生机盎然的绿色电网在南湖畔徐徐展开。

能源革命浪潮滚滚向前，奔腾不息。2014 年，习近平总书记在中央财经领导小组会议上，明确提出了我国能源安全发展的"四个革命、一个合作"战略思想，即：推动能源消费革命，抑制不合理能源消费；推动能源供给革命，建立多元供应体系；推动能源技术革命，带动产业升级；推动能源体制革命，打通能源发展快车道；全方位加强国际合作，实现开放条件下能源安全。

习近平总书记高瞻远瞩的能源战略思想，让嘉兴电力人找到了新时代前进的方向，从 2014 年开始，嘉兴市开始布局风电发展，利用有限的风力资源，当年度实现了风电装机容量 4 万千瓦；经三年稳步发展，至 2017 年风电装机容量已达 12.3 万千瓦，成为嘉兴市能源体系当中不可或缺的一部分。2016 年，生物质发电再一次成为嘉兴市打造新一代能源体系当中的重中之重，经过 4 年的发展，现如今嘉兴市生物质发电装机容量已由 2016 年的 2.4 万千瓦增长至 2020 年的 28.0 万千瓦，实现了质的飞跃。能源供给与技术革命的成果，在嘉兴电力格局中渐露峥嵘。

古老的禾城，如今创造了分布式光伏发电装机容量接近全国十分之一的"嘉兴模式"。俯瞰嘉禾大地，从企业屋顶到居民房顶，从湖面到滩涂，这片光伏的"绿色森林"郁郁葱葱，生机盎然。嘉兴电力致力于推广电能替代、节能减排、综合能源等技术应用，进一步开发全电景区、电动汽车充电站、船舶岸电桩、建筑节能、工业节能、氢能等应用场景，强化综合能源新兴业务的开拓和平台打造，构建共享、共赢、共建的能源生态圈，完善综合能源新兴业务产业链，提升社会能源消费整体能效，降低单位 GDP 碳排放量。绿色能源伴着蓝天白云，来到了老百姓们的身边。

2020 年 9 月，习近平主席在第 75 届联合国大会提出我国 2030 年前碳达峰、2060 年前碳中和目标，习近平总书记系列重要讲话和党中央决策部署为推动气候环境治理和可持续发展擘画宏伟蓝图、指明道路方向，彰显了我国坚持绿色低碳发展的战略定力和积极应对气候变化、推动构建人类命运共同体的大国担当。将至已至，未来已来。嘉电巨轮正在广袤的大海上扬帆起航，党的旗帜高高飘扬，指点嘉电巨轮的航行方向。

嘉兴是中国共产党诞生地，那一艘南湖红船静立湖面，看百年风起云涌，开天辟地，换了人间。风吹何止千年，光明堪比日月。嘉兴电力勇担红船精神电力传承的使命，唱响"红船服务队"品牌，把电力服务深入直达每一个嘉兴老百姓心头，生动诠释"你用电、我用心"的企业责任。展望嘉兴电力未来，城市能源互联网前景可期；光伏发展基地未来可期；多种能源齐头并进的光荣使命可期。

站在中华民族伟大复兴的历史新起点，嘉兴电力时刻准备为之做出应有的贡献，向更高更深处探索，向更远更亮处前行。而此刻，嘉兴电力人正不忘初心，牢记使命，抱怀"人民电业为人民"的企业宗旨，一如既往，持之以恒，推动着嘉兴电力一步一个台阶，迈向未来。

追求光明，展望未来

从"两变一线"到"银线飞架" ❶

口 述 者：叶立祥
采 访 者：赵林娣、吴莹
整 理 者：徐钧、邹凌宇、杨佳慧
采访时间：2019 年 3 月 14 日
采访地点：国网嘉兴供电公司

  叶立祥 1939 年出生，福建福清人，1957 年考取浙江大学电机系工业企业电气化专业，大三时转入发配电专业，1962 年大学毕业后被分配到嘉兴供电局工作，1979 年成为中国共产党党员，同年任副总工程师，1981年任副局长兼总工程师，1983～1998 年任嘉兴电力局局长，1998 年退休。在任嘉兴电力局局长期间，1990 年桐乡成为全国第一个大电网供电的农

---

❶ 摘自《浙电记忆》，国网浙江省电力有限公司编，社会科学文献出版社。

村电气化县；1990年嘉兴年销供电量首次突破20亿千瓦·时，成为大型供电企业；1995年嘉兴市成为全国第一个实现全市农业初级电气化的地级市。其后海盐、海宁等县相继实现农村初级电气化，实现了嘉兴境内每一个县至少有一个220千伏变电站的目标。

一　早　年　经　历

采访者：叶局长，您好！请您先介绍一下您的个人信息。

叶立祥：我是福建福清县人，福清县就是现在的福清市。我在1957年之前一直在福清县福清一中读书，1957年高中毕业，我就到福州参加高考，当时全国招收考生至少有10万人，最后我成功考到浙江大学的电机系。以前我的家庭成分是地主兼工商业者，我的老祖父是做生意的，买了点地就变地主了。

采访者：您当时高考的时候有没有受到家庭成分的影响？

叶立祥：受影响。当时我考上浙江大学也不容易，因为当时比较讲究成分，但最后我还是被录取了。当时我考的是浙江大学电机系工业企业电气化专业。我读到大学三年级的时候，基本上基础课过关了，专业课读了一部分。后来院系调整，学校要搞一些比较尖端的院系，就把一些出身不好的学生调整到发电厂、电力系统、电力网专业，现在叫发配电专业。我转到发配电专业读了一年多，前后一共读了五年。转过去之后，有一部分发配电专业的基础课我们没有读，有老师给我们专门补课。补了一个学期左右，基本上我们能跟上发配电专业同学的学习水平，就在1962年毕业了。

采访者：如果不是转专业的话，四年就能毕业是吗？

叶立祥：转不转专业都要读五年。1956年开始就是五年制。我们1962年毕业以后，相当一部分被分配到浙江省，还有一部分被分到上海，还有少数的同学被分到全国各地。我们这一届（1962年）之后的分配还算可以的，比 1961 年那届分配要好一点，因为 1961 年那届基本上都分到浙江，后面就分不掉了。到 1962 年 10 月 22 日，我被浙江省电力局，当时叫电业局，分配到嘉兴。嘉兴供电局是在 1962 年 7 月份成立的。我跟我爱人是同学，还有一对同学，他们从学校直接被分配到嘉兴供电局。1962 年从浙江大学毕业被分配到嘉兴供电局的，一共有七个人，包括我们两对夫妻，还有另外三个人。当时嘉兴供电局在 7 月份成立，实际上是一个架子，没有配备人员。我们这些被分配的人过来了，还有一部分 1961 年被分到县里再被调上来的人也过来了。另外就是嘉兴原来有一个工业专科学校，里面的一批老师被调了过来。最后一部分是嘉兴农校的人，再加上湖州调过来一部分领导班子，一起凑到嘉兴供电局。当时是嘉兴供电局，不叫电力局，叫供电局。

采访者：当年你们同班同学大部分被分配到电力系统了吗？

叶立祥：我们同班同专业被分到嘉兴的有四个人，其他相当一部分在浙江省电业局，也有被分到浙江省电业局中调所、杭州电业局、设计院的。被分在浙江省的人占大部分，被分在上海的有十来个人，去上海的大部分也都在上海电业局，电厂也有一部分。很少人被分到国内其他地方，大部分在江浙。

采访者：您在大学五年里有到电厂里实践过吗？

叶立祥：我到电厂实习过两次。一次去新安江电厂，还有比较小的，在衢州的黄坛口电厂。我在新安江电厂主要是跟班，了解发电厂生产的过程。那个时候新安江电厂刚建成没多久，在 1958 年前后建成的，我们去的时候应该是三年困难时期。

二　扎　根　基　层

采访者：您刚到嘉兴电业局的时候具体从事什么工作？

叶立祥：我刚到这里的时候，当了两年调度员。那时候的调度工作很简单，调度要靠电话，我一般用塑料板画一条简单线路，方的是开关，两个圈圈是变压器。当时我就靠电话加上模拟板来指挥系统运行，这样系统就很简单了。再一个就是负责 24 小时接收下面的用电情况汇报，用了多少电，每个小时报一次，然后把用电量再加起来，再报到省调度所去，就这样汇总当天的系统运行情况。还有一个是发布操作命令，根据计划安排，哪些地方要检修了，就进行操作，操作也很原始，就是调度员开操作票，开好操作票就发布命令到变电所，变电所也跟着写好，第一步、第二步、第三步、第四步按顺序写好，再重复一遍，听听有没有错，没有错的话可以执行了，就这样子。

那时候都是口头传达命令，调度的主要任务一个是负责系统操作、运行，再一个是汇总当天运行情况，还有一个就是安排检修方式，若设备要检修，提前几天申请，申请以后安排好就可以调整负荷了。调度当时还有一个任务是继电保护，继电保护就等于变电所开关，需要整定电气设备，出故障它会自动跳掉。当时调度就分两个组，一个调度组，一个继电保护组，调度组兼管运行方式，人很少，只有八九个人。最早是两班倒，后来三班倒。调度人员就睡在调度所里面，晚上十点钟安排好了就睡觉，早上六点钟起来。就这么一个简单的操作，我搞了两年。两年以后，1964 年，我被调去搞继电保护，继电保护搞得时间比较长，我们成立个小班子，实际上负责正常工作。我是比较保守的，用他们的说法就是支持掌权派。我不是自吹，我的业务能力还可以。32 名小班子成员中，我是唯一一个保守派，其他都是造反派。我就搞生产，有工作做，不去参与那些自己不想参与的活动。当时的一个党委书记，他人蛮不错的，现在已经过世了，他不唯成分论。我们搞技术的，都有一点自觉性，自己能做的工作一定把它做好。我搞继电保护一直搞到 1978 年。

采访者：那位党委书记叫什么名字？

叶立祥：他叫李开元，是党委第一任书记，他不唯成分论，他认为工作做好就行。根据工作需要，我 1978 年 12 月份就入党了，1979 年转正。我是嘉兴供电局唯一有行政任命的工程师，在当时工程师中算中层干部了。1979 年我就当副总工了，1981 年我当副局长兼总工程师，1983 年我当局长，当到 1998 年退休。

采访者：1966 年至 1976 年这段时期对生产有没有造成冲击和影响？

叶立祥：还可以，下面的生产单位，基本任务还是要搞的。变电所必须有人值班，线路也要抢修，不去也不行，基本情况还可以。说一点影响没有也不可能，因为电力系统有个特点，它是要发电、供电、用电同时完成的，哪个环节出了毛病都不行的。

采访者：嘉兴供电局何时招收大学生？

叶立祥：那时候大学生就业还是分配制，不是像现在自己找工作。那时候不是想要大学生就能要到的，要靠上面分配，大学生来得比较少。之后每年都有一两个大学生分过来，1962 年一批，后来 1963 年一批，1964 年一批，很少，只有几个人。相当一部分职工是从县局下面调上来的，再加上重点分配来的，还有原来在电力系统、外面工作的人。

采访者：您刚才说 20 世纪 70 年代那两次招工，主要是招什么工？

叶立祥：主要是招值班工、线路检修工、巡线工。当时嘉兴还没跟湖州分局，有一条从杭州到常州、谏壁的 200 千伏线路要检修、运行，我们在湖州的五一大桥专门设了一个检修队。

三　嘉兴地区供电格局变迁

采访者：嘉兴在新中国成立前就有民营的电厂，是吗？

叶立祥：嘉兴很早就有民营电厂，当时是用蒸汽机发电的，所以电厂很小。在嘉兴电力局成立之前，嘉兴比较大的电厂是民丰纸厂的自配电厂，它的自配电厂就靠自己厂的蒸汽，也就 3000 多千瓦吧，发电量不算多。其他像一些纺织厂、绢纺厂，它们本身也要用蒸汽，就用一小部分来发电。嘉兴供电局成立的时候，最大的电厂就是湖州的独立电厂，它是向外供电的。原来还有一个长兴煤矿电厂，是靠自己供煤发电的。当时嘉兴用电基础设施主要靠大电网，这个小电厂是管自己的。可以说嘉兴在大电网没有来之前，就是每个县自己管理自己，晚上照明发电。

采访者：嘉兴当地的工业用电怎么样？

叶立祥：嘉兴基本上都是轻工业用电，主要原因就是纺织工业多，绢纺厂、毛纺厂，还有棉纺厂，当时嘉兴还有一个冶金厂，要倒闭了，没有什么工业基础，当时这些厂子的用电基本上能保证，因为大部分工厂有自己供电的发电机。嘉兴用电当时主要是居民用电，加上部分工业用电，再加上农村用电。农村用电也主要用来照明、排水灌水，到内涝的时候肯定要保证农业排灌用电，工业也要给它让电的。现在水利部门采取更好的措施了，嘉兴县已经有好长时间没有出现内涝的情况了。那时候我们在一个很小的民房里办公。当时是建设初期，工作条件比较简陋，人员也是四面八方来的。嘉兴的电网是原来杭州电网的组成部分，嘉兴原来没有供电局，没有人管电，是归杭州管的。从 1961 年开始，在杭州到嘉兴，经过石门，一条 110 千伏线路是从杭州半山拉过来，后来设立了一个石门变电所，在桐乡的石门，再一个就是嘉兴变电所。1962 年刚刚建局的时候，一条 110 千伏线路，挂两个 110 千伏变电所，这个容量很小，主变压器是 15 000 千伏安。我们当时的党委书记，称"两变一线，是命根子"，就是说一根线、两个变电所，嘉兴的供电就靠它，它没了就完了，就是这个意思。1962 年有了"两变一线，是命根子" 以后，再加上部分地方小电厂和 35 千伏网络，这样就组成一个网了，这种"两变一线，是命根子"的供电格局维持了相当长一段时间。

1969 年，当时嘉兴下辖九个县，包括现在的湖州和嘉兴。到 1969 年杭州到常州通了一条 200 千伏线路，这条 200 千伏线路接通以后，就在湖州挂了个"灯笼"，挂灯笼的意思，就是 T 接，即线路上面直接挂一个 200 千伏变压器，1969 年嘉兴有第一个 220 千伏变电所。这个电既供湖州，又供嘉兴，是一条很长的线路，当时叫"湖嘉线"。经过石门供到海宁，初步形成一个 110 千伏的区域性网络，还没有真正成网。从湖州到嘉兴，有一个 220 千伏变电所，还有好几个 110 千伏变电所，管着这九个县市的供电。当时用电水平很低，城市基本上就是部分工厂用电，农村就是照明，供电不普及。还有农村的农灌用电，就是农村排灌，嘉兴是一个内涝地区，一下大雨，水排不出去，土地都会被淹掉，农村都要建机埠来排水，机埠不是长期运行的，土地需要开就开，不需要开就不开。当时嘉兴农村用电水平还处于比较低级的阶段，安全水平比较差，农村私搭乱建的情况比较多，除了机埠之外，打稻机也要用电。老式打稻机是人力摔的，有电之后就用打稻机打稻谷，线路拉来拉去的，造成农村触电死亡人数比较多。当时就嘉兴来说，农业触电死亡人数在全国应该算高的。

采访者：农村因触电死亡的人数大概有多少？

叶立祥：一个地区七八十个人，数量还是比较多的。这主要是因为私搭乱建，再就是因为移动设备，农村人缺乏用电安全知识，也没有人去培训他们。当时农村的死亡人数引起大家注意，我们也开始考虑怎么加强农村用电管理。讨论结果主要是提高安全水平，逐步对管电人员进行培训，还要建立一个组织，叫农电站，逐步达到现在的水平。从农电站开始，农电工要集中培训，要持证上岗，培训以后才能开始工作。再通过技术措施，推广触电保安器，有人触电，漏电保护器会把电源断掉。这样农村用电死亡人数就降下来了。再一个就是进行农村低压线路改造，也就是搞农村初级电气化建设。当时在桐乡县，现在是桐乡市了，搞了个试点：对全部农村低压线路进行改造，进户要采取安全措施，主要是安装触电保安器。这样一来，农村用电水平从人员管理、设备方面逐步开始提高，扭转了比较被动的局面。漏电保护器的培训是我们管"三电"的同志、管用电的副局长去开的，我不大清楚。原来我在任的时候，局里的领导班子是这样的：一个局长，一个管生产的副局长，一个管用电的副局长，还有管行政后勤的副局长，一正三副。

采访者：这个时期整个浙江省是电力输入省，是吗？

叶立祥：早期用电就靠新安江发电供到杭州，由杭州 220 千伏变电所供到湖州。浙江火电原来很少，有个闸口电厂，后来有了半山电厂，再后来在湖州安吉有一个梅溪发电厂（简称梅溪电厂）。后面电厂的规模就大起来了，台州、镇海、嘉兴都有了火电厂。

采访者：改革开放以后浙江省成立三电领导小组，这个情况您了解吗？

叶立祥："三电"是这样的：一个是安全用电，一个是节约用电，还有一个是计划用电，因为当时用电有缺口，不计划安排就要乱套的。计划用电实际上就是用电量要上面分配，什么时候用电也要上面安排。用电紧张怎么办呢？那就考虑采取轮供方式。比如说一个礼拜机组开五天停两天；更紧张一点则开四天停三天。省里这么多地区，各自分配多少负荷，全都要平衡好。

当时电厂少，电源少，需求大，供电供需不平衡。为了缓解这个供需矛盾，很多地方搞了集资办电，就是地方上有资金，就可以投资电厂，那么电厂供一部分电给集资方用。

当时嘉兴怎么集资呢？就是每度电加点钱。当时一度电加两分钱。原来多少钱一度电记不清了，反正当时总共是五毛多。居民用电可能没有加，工厂用电每度电加两分，这个钱集中到三电办公室。这个钱用来做啥呢？用去投资建变电所，因为即使有电，没有变电所也不行。建变电所要 100 万元，县里面给五六十万元，剩下的三四十万元由集资办电的各方筹措。另外一个是买用电权，把资金投到电厂里去，投多少，就分配多少电。还有一个是组织煤，这个很复杂。电厂里面煤也是计划供应的，要组织煤到电厂去加工，比如我组织了几十万吨煤到你的电厂进行加工，谁组织煤来，这个电就供给谁。举一个例子，当时我们跟嘉兴的一个领导到上海华东电管局去搞煤，把煤送到望亭电厂去加工，望亭电厂的电就通过电网送过来。煤要到煤矿里去弄，要有资金去买煤，买了煤也不是真正把煤拉回来，而是要通过相关渠道，上级把指标拨到电厂里去，电厂再把电送过来。

采访者：就是把这个买煤的指标拿到后再给电厂吗？

叶立祥：是的，就等于国家计划这部分煤。没有煤就发不了电，所以国家就组织煤用来发电。当时这些都由三电组织机构负责。三电是地方政府部门的一个办事机构。三电办公室的主任，大部分是由当时的计经委副主任兼任，还有一个副主任就由电力局管用电的副局长兼任，业务工作有相当部分是电力局在做，地方政府挂名，但重大事情都要由地方政府决定，电力局只是负责办事。

这个三电办公室在我退休时还有，我退休是在 1998 年，维持了相当长时间，它是电力紧张时候的副产物，当时需要这样一个组织来适应现实需要。即使一些大的企业用电也要分配的，没有办法，分配多少电就用多少电。如果它们想要更多的电，可以去投资，这是唯一的办法。嘉兴当时主要靠加两分钱的方式，来解决这个难题的。政府同意每度电加两分以后，就可以筹集到一部分资金解决问题。因为当时搞计划经济，变电所项目基本没有资金，要自己想办法。

采访者：当时有没有想过在本地办一个大的电厂，增加供电？

叶立祥：这个没有，地区部门想不起这个事情的，这是大事了，都是省局计划处去确定的。这个办电厂不是小资金能实现的。

采访者：除了集资办电之外，还有余热发电，对吗？

叶立祥：在电力比较紧张的情况下，有一些自己本身要用蒸汽的企业，它蒸汽用过以后，还可以利用蒸汽余热，温度比较高，还能推动汽轮机去发发电。这个技术容量很小，大部分只有 750 千瓦，嘉兴的绢纺厂、毛纺厂有蒸汽余热发电，其他没有。当时用电紧张，有个几百千瓦的话，也可以应应急的。

四　调任嘉兴供电局局长

采访者：您在 1983 年任嘉兴供电局局长，年纪算是比较年轻的，是由于当时干部年轻化的政策吗？

叶立祥：我 1983 年时 44 岁了。拨乱反正后就不唯成分论，重在个人表现了。当时组织对干部队伍有一个要求，要知识化、专业化。在这个情况下，1983 年从省局到基层的一些领导，也已经关注到这个问题了。我的老书记，他的政治敏锐性比较强，他 1978 年开始就启用几个有一定专业知识、年纪相对轻一点的干部，包括陈渭贤，他被任命为计划科科长。当时按照管理规定，单位人事调整要报到省局，有的要报到地委去批。老书记比较重视技术干部的任用。1983 年调整以后，我们班子里的知识分子占多数，例如我、陈渭贤，后来林桂钱也进来了。行政班子除了搞后勤的，大部分都调整成年轻的了。

我前任局长是部队退下来的，叫卢俊生，现在过世了。1983 年嘉兴供电局班子调整，省委、省政府决定把嘉兴的地区撤掉，建立两个市，一个湖州市，一个嘉兴市。因为电力部门跟地方关系相当密切，湖州也要成立一个湖州供电局，我的前任局长就被调到湖州去，筹建湖州班子。他筹集了三个人的领导班子，一个是他自己，一个是原来跟我一起当副局长的杨军涛，还有一个叫沈玉亭。嘉兴电力部门从 1984 年开始调了相当一部分同志到湖州供电局去。当时调的原则就是要选能够独当一面的人，要去那边打基础。还有一部分，是原来就在湖州的。大部分同志 1985 年春节之后就调过去了。

采访者：那就把您这里很多人才挖走了？

叶立祥：这个不叫挖走了。因为湖州本身有一点点基础，再一个那边需要人，这里能独当一面的人，都要去的。还有一些夫妻档，为了影响家庭少一点也要调过去，调了几十个人。我当时表过态的，我说你们调过去，那边工作开展起来，他们肯放你们，你们想回来，我这边统统要，后来陆陆续续调回来几个人。

采访者：您 1983 年当局长后，第二年这边就有一次大的雪灾，对当时的生产有影响吗？

叶立祥：1984 年 1 月份雪灾很大，雪是在快开春的时候才下的。湖州变电所停掉了，路全部被雪封了，进不去了。但是我前任局长卢俊生，他向部队要了一些坦克，直接就开进去。这个影响主要就是湖州变电所一旦一停掉，嘉兴就完了。当时还有一个南湖变电所，南湖变电所问题不大。湖州变电所一旦停掉，西边的一片就不行了，这个影响有点大。之前还有一次，大雪封山了，封山了人就进不去了，线路断了，变电所通信也跟着断了，因为当时主要靠载波，不是微波。若不去亲眼看看变电所设备状况，就无法向上面汇报，我就跑进去，跑到现场里面看了情况以后，又要跑到湖州邮电局，打电话到省调度所，告诉省里湖州变电所的设备状况，上面的领导才可以考虑恢复通电。那个变电所是出于"备战、备荒、为人民"而建造的，建在一个山坳里面，交通很不方便。当时是通过从湖州到安吉的公路走过去的，还要沿着一条岔路进去，大概两公里，在一个山坳里面。那边原来是劳改农场，很偏僻。这个地方我们去得多了，我没有当局长之前，主要是搞继电保护，那边是个重点区域。那个地方一直交通不方便，那个变电所走进去要花半个多小时，下雪的话就要走一个小时，脚踩下去一深一浅的。那次大雪后抢修，我们发现设备没有什么问题，但是通信中断了，外面没办法知道里面的情况，里面也没有办法向外面讲清楚情况，所以非得亲自去看看才行。

采访者：那个变电所当时有多少工作人员？

叶立祥：当时一个班有三个人，三班式运转，加上行政领导，一个变电所就十五到十八个人。我们还管过独山变电所，它在跟安徽交界的地方。那个地方从嘉兴开车子去要四五个钟头才能到，路况很差。

采访者：您当局长之后，第一项大的工作是什么？

叶立祥：我当时想达成的目标是一个县至少有一个 200 千伏变电所。当我离开的时候，每个县都有 200 千伏变电所。我 1998 年离开的时候还没有 500 千伏变电所，王店变电所还没有开始建。

采访者：1985 年你们成立了嘉兴农电管理站，当时主要的目的是什么呢？

叶立祥：农电管理站，就是加强农电管理，当时农电已经相当普遍了，乡镇企业也多，农电管理就专属农电管理站，它不属于我们电力系统这个编制，是属于农村的，由乡政府来管。

采访者：那当时要负责调整农电的价格吗？

叶立祥：这个不调整。农村用电是我们电力部门一个供电销售单位负责配变，下面设一个总表，就是我们的计量口子，再下去就是农电站负责。可能这个口子上面收的电费，实际上跟他们乡下面收的电费有差距。那就要看差距大小了，差距大的农民肯定就负担重了，这是一个普遍问题，农电站相对来说收大于支。后来通过农村电气化改造，农村也实施了一户一表。低压线路改造规范化后，安全水平也提高了，计量口子也比较透明，这个弊端就逐步消失了。

采访者：当时有一个说法就是电力要更好地为农村、为农民、为农民经济服务。你们在这方面具体做了些什么？

叶立祥：我们一个就是在技术上做指导，第二个在行政上跟他们搞好关系，就是加强管理，农村成立农电管理站以后，就可以按照我们的要求加强管理，培训一批人。当时农电管理站的农电工培训有两方面，一方面是加强管理，另一方面是技术培训。这样他们下面就有基础了，没有基础不行的。通过农村电气化建设、"三农" 服务以后，农村用电水平有了提高。

采访者：请您回忆一下嘉兴综合自动化变电所的建设情况。

叶立祥：大概是 1996 年，当时有建设这个变电所的需求，因为当时嘉兴的一个中心任务就是要解决用电问题，原来陆上架空线比较多，正好我们想搞一个全户内式的综合自动化变电所，地方政府也希望我们能拿掉原来的"蜘蛛网"。后来我们就在中山路那个地方，也就是原来嘉兴电影院的旁边，弄了块地方。这个地方放下户内变电所是没有问题的。当时我们国内的设备不行，要用西门子的设备。

采访者：您事先有没有出去考察一下？

叶立祥：没有，设备自动化这部分我们就主要靠南瑞，原来是水利电力部下面的一个单位，也就是国电南瑞。

采访者：1997 年嘉兴 7 个县各自有了一座 220 千伏的变电所，对吗？

叶立祥：变电所老早就有，我走的时候基本上都建成了。嘉兴当时有南湖变电所，后来嘉兴还有一个禾兴变电所，禾兴变电所是 110 千伏升压升上来的。接下来就是海宁双山变电所、平湖瓦山变电所，平湖瓦山变电所是嘉兴电场输送工程带进去的。

五 农村电气化典型

采访者：桐乡是农村电气化的典型，对吗？

叶立祥：在早期农村触电死亡人数上，桐乡在嘉兴 9 个县里面还是比较多的。第一个是因为早期农民缺乏用电知识，第二个是缺乏安全的保障。那么我们就开始考虑农村怎么加强用电管理的问题。农电管理站成立以后，我们办过好多农电培训班，农电工要持证上岗，这个就给农村安全用电打下一个比较好的基础。其他方面的话，桐乡1985年以后搞了一个低压网络改造，就是388配电系统。原来这个用电安全问题，很大部分是因为私搭乱建，这个低压线水平很差，有的用木杆插插，挂挂线，人走过去都碰到了，弄不好就出事情。桐乡1985年在嘉兴供电局范围内，是第一个实现农村初级电气化的县。所谓初级就是对农村配电网络安全措施进行一次改造。1990年桐乡成为全国第一个大电网供电的农村电气化县，到1990年嘉兴年销供售电量首次突破20亿度，按照当时的规定它就是大型供电企业。1995年嘉兴市成为全国第一个实现全市农业初级电气化的地级市，5个县市都实现了农村初级化电气，后来海盐、海宁等县陆陆续续都评上了，最后全部实现农村初级电气化了。

采访者：嘉兴成为全国首个实现全市农业初级电气化地级市的原因是不是经济发展得比较好？

叶立祥：最主要的就是乡镇企业发展得好。当时到农村去，我听到的都是织布机的声音。特别是嘉兴港区这一带，家家户户有织布机，都进行家庭工业生产，这部分用电相当大。原来嘉兴丝绸纺织业比较发达。

采访者：从葛洲坝到上海的送电线路，在嘉兴境内有142公里，这么远的距离怎么做维护呢？

叶立祥：一百四十几公里的直流线路，原先在湖州五一大桥有一个我们的派出机构，负责这里的200千伏线路、葛洲坝这条线路，以及另外一条从杭州到常州的线路。这几条线路的运行、检修、巡线工作，我们专门有派出机构来管理。五一大桥这个派出机构叫运行维护站，没有出过什么状况。这个站我们老早就建立了，20世纪70年代就有了。

采访者：到1996年的时候你们已经编了第一部《嘉兴电力工业志》，

这个工作是什么时候开始想做的？

叶立祥：这个做得很早，因为嘉兴有电的历史比较早。嘉兴有电的历史大概有一百年，当时有一个小发电厂，有小的蒸汽发电机。我们开始做得不是很规范，上报以后多数工作还需要进一步完善。后来省局派了两个人来指导，我们也选了几个人成立一个班子，他们在弄。

采访者：您本人第一次用电是在什么时候？

叶立祥：我在福建读书时家里没有电，高中也没有电，说实话那时候小电厂发电的时间很短，晚上就那几家用电灯，一般家庭肯定没有，低压线都没有，照明靠蜡烛和煤油灯。第一次用电是在我住的地方，隔壁有一个医院，它有电，我从此就晓得用电灯。

福清县这个地方原来也很落后，实际上没有电（网）。一直到 20 世纪 80 年代才开始有电，可能就是福州电网过来的。相对来说，它比浙江要落后一些，因为当时它是海防前线，各方面建设可能也会受到一点影响。

六 追忆似水流年

采访者：您工作以来，特别是当局长以后，哪一段时间的工作是最辛苦、最累的？

叶立祥：最累的时候应该就是我们过去供需平衡矛盾比较大的时候。这主要是因为资金有问题，我们搞个双山变电所，当时省供电局丁有德局长问我："老叶，850 万你干不干？省里就这么点钱。" 海宁当时乡镇企业很发达，双山变电所在海宁也是一个重点工程。钱就这么多，要怎么样把它用好呢？不足部分怎么办？这个要动动脑筋。在供需矛盾大的时候，我工作不仅吃力，身上的工作担子也是比较重的。如果是上面安排项目下来，那时候仅仅就是组织实施，用不着跑什么地方。

采访者：刚才您说双山变电所的建设只拨了 800 多万元，缺口有多少？

叶立祥：当时总共要 1000 万元。1987 年跟现在不一样，现在 1000 万元可能搞个 110 千伏变电所还不够。不够的钱怎么办呢？一个是要在设计上面动动脑筋，分步实施，不能什么都一步到位。还有就是该叫地方拨点资金的时候，地方就拨点资金，要地方拿资金就要跟政府打交道，一些地方工业发展比较快，政府也有这个积极性。

采访者：主要还是因为嘉兴地区民营经济发达，对吗？

叶立祥：嘉兴民营经济发达的就两个地方，一个海宁，还有一个桐乡。海宁发展皮革业，桐乡原来也是发展纺织业，还有一个巨石集团，生产玻璃纤维的。桐乡在嘉兴也是走在前面的。它的工业基本上是以轻工业为主，也没有什么大的能耗企业，就巨石集团大一点。

采访者：您工作压力大的时候，有没有睡不着觉的情况？

叶立祥：不会。当时就是供需矛盾，跟地方打交道是比较难打的。我这个人不善于打交道，比较严肃，跟地方政府打交道的能力、水平还是比较差的。跟地方政府打交道，我有时候有点头痛。

采访者：电力部门属于每一个地区的重要部门，各个部门还是比较支持电力发展的吧？

叶立祥：一般地方领导对电力工业都比较重视。当然，我也碰到过问题，有一次开大会，我跟市里领导顶起嘴来了。为啥呢？因为我们电力部门有规定，不能转供电，但是地方有个企业，它的转供电抄表的关口归我们管，电是人家分供出来的。它的表好像倒转了，就是进来的线接反了。倒转以后呢，它向地方政府反映，说电力部门要给他们退钱的。于是，在大会上市长问我，老叶这个情况你了解不了解。我说不了解，我们只管关口，下面我不管的。他当着好多人的面批评我，开大会啊。我也不买账，我站起来讲，这跟我没有关系。有的人不了解，电力部门有电力部门的规定。转供出去的电正确与否，由转供单位负责。这跟我们没关系的。这在大会上我们就顶起来了，市长不开心的。

采访者：这个对您的日常工作没有影响？

叶立祥：没有影响。在这个场合，他点我名的时候，就对我有看法。我当时也是听不下去的，不是我工作失误嘛。如果是我工作失误，批评我是可以的；但如果不是我工作失误，而是其他单位的失误，批评我也不对。还有一件事情，后来嘉兴调来副市长陈德荣，他原来是杭州钢铁厂的总工程师。当时嘉兴有一个王江泾热电厂，按照我们电力系统的惯例，这个热电厂的电主要由我们接上系统，通过系统再供出去。嘉兴当时有一个钢铁厂要搬到王江泾，去吸收王江泾热电厂的电能，这样可能效益要好一点。陈德荣副市长刚来嘉兴不久，就来找我，叫我晚上吃顿饭，他就提出个要求："我这个嘉兴钢铁厂，要搬到王江泾去，叫王江泾热电厂直接供电给他可以吧？"我说："不可以。"因为我们当时规定电厂不能直接向用户供电，要并上系统才可以向用户供电，要走正常流程。这个我不能决定，我上面还有管我的领导。我们可以一起吃饭，但是这件事情没有商量的余地。地方上有些事蛮难办的。后来他这个想法没有实现，按当时的规定这个实施不了的，电厂不能直接向外供电，现在听说可以了。

采访者：那单位内部呢？

叶立祥：单位内部跟我搭档的几个领导，都还可以，各有各的脾气，相互理解就行了。但是我有个规矩，就是我决定了的事情，你不能随便改，如果改，事先要告诉我。这个涉及领导的威信问题。要改，要讨论过，相互都得比较理解。像班子里的几个成员，一个原来是我同学，他管生产，我们相互比较了解了；还有一个管用电的，他曾经跟我一道跑变电所，每天一起跑来跑去，都很熟悉的。领导班子总的来说比较团结，工作比较舒畅。

采访者：现在嘉兴电力局所在的这块地，是您在任的时候拿下来的，当时这里是什么单位？

叶立祥：当时这里是一个煤球厂，为酒厂生产煤球的。酒厂后来倒闭了。当时跟地方商量，想搬过来重新弄，原来那边的楼空间很小，不够用。跟地方政府打交道稍微难点，本来中山路那块地还要大一点，被其他单位挖掉一块。在我退休以后，他们还造了三幢职工宿舍，原来这块地比现在还大一点。

采访者：您能回顾一下电力系统个人收入的变化吗？您刚工作的时候，每个月收入是多少？

叶立祥：这个我记得很清楚的。工作第一年 43 块 5 毛钱，第二年转正了就 56 块钱，电力系统指标高一点，如果按照地方标准就是 53 块，我们是 56 块，再加上 6 块 5 毛钱的奖金，就是 62 块 5 毛钱，一直 1977 年才加了一级工资。我爱人 1979 年加的一级工资，连着 15 年没有动过。当时物价便宜，有这点钱，上有老，下有小，也应付过来了。我们现在讲给孙女们听，她们不理解。到退休那一年，退休工资是 1300 块钱。我还延迟了一年退休，是 1999 年底退的。现在逐年加嘛，连加了 14 年，还可以。

采访者：您在这边退休之后，又到省里去做了什么工作？

叶立祥：当时省局规定，当过局长的可以延迟三年退休。当时这部分人退下来后，都到省局去帮忙，做啥呢？当时省局有一个基金委，实际上就是退下来的同志到那里去发挥余热的地方，主要搞下面 110 千伏变电所功能的设计审查。去的同志基本上都是正高了。我和我同学林桂钱、湖州赵天明、衢州陶建章是县地区局去的，有四个人，其他都是省局各处室退下来的。当时丁有德退下来挂帅，专门搞 110 千伏输变电工程的设计审查，弄了三年多。

退休之后，接我班的原来是江西赣州供电局的，也是在我任局长期间调到嘉兴供电局来的，后来省供电局把他调到丽水去当局长。我退下来后，他就回到嘉兴了。

采访者：请您回顾一下从事电力工作以来，印象最深的，或者最有成就感的一项工作。

叶立祥：我本身呢，对电力工作这个行业也比较爱好，工作上的事情自己能尽力解决的就尽量解决好，有些生产难题，我也是敢于拍板的。总的来说，不讲有多大贡献，把工作做好就完了。遇到生产难题我能够动动脑筋，解决一部分问题，比较大的例子就是我升高工的时候写的一个总结。湖州变电所原来是 35 千伏系统，电压很低，出线电压就 33 千伏，到用户那边 30 千伏都不到，人家不好用的。要想办法把这 35 千伏段电压提高，后来给它装一个升压变，比如说电压只有 33 千伏，我可以升到 35 千伏或者 36 千伏，就装了一个串联变压器。串联变压器装上去以后，电压是提高了，但是还要解决另一个问题——如何实现不停电投入输送。电压有低有高，低的话，串联可以解决；高的话，就要动动脑筋来解决保护问题。后来我们用了一段时间，这个改造实际效果还是不错的。改造变压器，串联变压器是我们自己生产的。当时也是一个比我高一级的大学校友设计的，运行效果还是可以的。我多年当一把手的经验就是要尽心尽力把工作做好，不要三心二意。

采访者：你们单位有没有搞一些三产之类的企业？

叶立祥：三产也有，这个是社会潮流，当时企业都办三产。办三产我们主要是办和输变电有关的，例如，一个是设计，一个是施工。相当于肥水不外流，原来给送变电做的我们自己做。主要行当就是输变电设计施工，还有一部分就是跟低压设备有关系的开关厂。嘉兴各个县供电局都办了开关厂，输变电工程这一块，除了 220 千伏省局规定一定要省输变电来施工外，其他的我们就自己做，还帮用户做。我们办的主要是跟电力有关的三产，无关的就基本不成功，也试过办了一个服装买卖公司，后来垮掉了。

采访者：你们用的设备除了自己生产的，还需要从外面大量采购。随着民营经济发展，民企也会进入这个市场，这方面怎么防止出问题？

叶立祥：这个通过招标解决。这些企业一般不会找到这边来，因为企业的设备门槛达不到。我其实已经搞招标了，当时没有这么规范，就几个单位评。

当时主要设备一个是线路上的东西，例如导线、铁塔，还有一部分电缆。变电站的东西就是开关和变压器。这个东西肯定就要找名牌厂了，一般厂是不行的。像开关嘛，是杭州西门子的开关，变压器大部分是江苏溧阳的，都是竞标比较过的。主要设备肯定来自有相当长运行历史的、经过考验的厂家。那个时候我对主设备还是比较重视的。那个时候的一些东西已经相当成规矩了：设备可靠安全是第一位的。再一个就是设备基本上没有出过事情的几个厂家。

采访者：当时职工子女就业方面是怎么安排的呢？

叶立祥：子女就业主要还是安排在生产开关柜的设备厂，当时有相当长时间我们招工不招职工子女的，1975 年、1978 年是招职工子女的高峰，以后基本上不招工了，就是退休几个，补员补几个，但是退休以后要补员不能让自己子女顶。按规定退几个就向社会招工补几个。当时招工由我们教育科出题，命题考试，再面试一些进来，职工子女也要平等竞争。再一部分，好多是学校分配进来的，我们省公司下面有一个学校，加上原来的浙西技校，还有省职业高中，有一批人毕业也分配到这里，现在很多地市局的领导都是浙西技校毕业的。

七　寄　语　未　来

采访者：现在提倡的红船精神，第一条是敢为人先。

叶立祥：这个发扬红船精神的口号是在曾挺健当局长的时候提的，我当时已经退了……实际上我们很早就有这种精神了，讲穿了就是要提高服务质量，什么时候都要把用户放在心里面，急用户所急，想用户所想，把用户摆在第一位。只不过他们把它总结提高了，跟嘉兴革命圣地结合起来了，嘉兴南湖红船是一张名片。

采访者：您去看过秦山核电站吗？

叶立祥：投产那一天我去过的，包括前期施工用电都去过的。整个秦山施工过程中的用电是我们海盐供过去的，我们主要工作就是协调电厂送出工程了。跃新变电所跟秦山送出工程有关系，其他变电所没什么太多关系。秦山核电站还没有开工的时候李鹏同志来过。他路过我们这里，我到我们运输队去接的他。

采访者：秦山的电是否归你们管？

叶立祥：秦山核电站一期并网发电是通过我们220千伏跃新变电所进行的，它是两回路送过来的，再转供出去，大概有500千伏直接到网电。它都要上系统，不上系统不能用。秦山核电站开工我没去。我是投产那天去的，代表嘉兴电力局去的。

采访者：您对核电怎么看？现在有人说核电不够安全，特别是日本出事以后。

叶立祥：这个我认为关键还是怎么能够掌握好它。掌握好它就会为人类造福。其实核电我不懂，但是我很相信它。秦山核电站运行二三十年了，也没啥事情。当时也有人恐惧，因为秦山是人口比较密集的地方，距嘉兴就几十公里的路。但是这么长时间下来也没有什么事情，重在设计的时候考虑得全面一点，做好预估、防范。

采访者：您对现在年青一代的电力工作者有什么想说的吗？

叶立祥：一代胜于一代，青出于蓝胜于蓝。

风雨中的为民初心

口 述 者：沈大法

采 访 者：姜福涛、骆炎

整 理 者：林洁、陈怡、吴林峰

采访时间：2019 年 3 月 15 日

采访地点：国网浙江平湖市供电有限公司

　　沈大法　1941 年出生，浙江平湖人。1958 年进入平湖电厂做学徒。1979 年至 1982 年，任平湖县电力公司副经理，后担任平湖县供电局副局长。1988 年任平湖县供电局代理局长，1989 年正式担任平湖县供电局局长。1991 年起，升任平湖市供电局局长，直到 2000 年退休前夕，其间兼任平湖市供电局党委书记。

一　年　少　经　历

采访者：沈老，您好！先请您讲讲您是哪一年出生的？

沈大法：我是 1941 年 1 月 11 日出生的。

采访者：您小时候家里通常是用什么照明的？第一次看到电灯是什么时候？

沈大法：我们家里主要是点那种灯泡很高的洋油灯。我第一次看到电灯是在 1958 年 11 月 30 日。当时我们农村里是没有电灯的，我们是在石化交界的地方，到平湖来才看到电灯的。

采访者：能讲讲 1958 年您是怎么进入公私合营平湖电厂的吗？

沈大法：我原来是在上海金山的张堰读书的，读到初一就辍学了。本来是可以继续读的，但是因为我初一考试的时候生病了，当时看病光医药费就花掉 90 元，这还不算其他的费用，家里没钱了，我就辍学在家休息了。到了 1958 年，我到血防组去做义务工。那里有代招工业学校的学生，我就去报名考试，最后考上了，就去工业学校读书了。这个工业学校有个问题，学生大部分是从农村里来的，城里的学生很少，整体文化水平很低。所以全校 56 人中，我的成绩是最好的。接下来上级给我们分配工作了，包括我在内，一共有 8 个学生被分配到电厂。其他 7 个全是党员或团员，只有我不是，因为当时我年纪还小，这样就算参加工作了。学校里的其他人都被分配到了农机厂。我做学徒做了 3 年，工资是每个月 15 元或 18 元。因为我不抽烟，主要开销就是伙食费，所以工资是足够的，只有多不会少。3 年后，我就转正式工了。评级考试的时候我得了第一名，第一名是可以升两级的，所以我第一次参加评级就加了两级，就升为三级工，工资每个月有 44.5 元。当时别人就有意见了，当然也有人替我说："很多事情他都会做，你们不会。"当时三级工已经不得了了，有些老师傅都达不到这种级别的。为什么呢？因为他们年纪大，文化程度不高，没有参加评级考试，所以没有级别。当时电厂里这些员工，文化水平低得很，我初中一年级的学历，算还可以的。后来，就来了很多中专生、大专生、大学生，全是杭州的学校派来的，也有平湖县政府派来的。这些派来的学生，一进电厂就和正式工拿一样的工资。那么我们这些1958年进去从学徒开始做起的人，就比较吃亏了，因为学徒期间工资很低。

采访者：所以您的第一份工作是在血防组是吗？

沈大法：算是吧。我们家是沿海地区，得血吸虫病的人比较多。政府就建了个血防组，专门看血吸虫病。我只是去帮忙的，我们村里大队的人说我必须去，因为我上过学，会讲普通话；其他人讲本地话，血防组的人听不懂。

采访者：您当时在平湖读的工业学校名字叫什么？

沈大法：这个学校在平湖叫五七中学。这所学校没几天就关掉了，为什么？第一是经费短缺，当时进去读书的都是些困难户，成分都是贫下中农，连吃饭钱也没有，哪来的钱缴学费？！第二是这所学校招生，不管学生文化程度高低都招进来，只要报名就能进去读书，所以学校的办学成绩不行，最后就关掉了，我印象里它的办学时间是不长的。这所学校是地方政府办的，没有经过上级批准，学校老师也都是从当地其他学校里调过来或借过来的，所以说关就关掉了。

二　初进电厂的学徒生涯

采访者：您能回忆一下您在平湖电厂做学徒时的经历吗？

沈大法：刚进电厂当学徒的时候，我是拜沈大常做师傅的。但是，他的技术就只能装装电灯，其他的都不会，后来我的技术就超过他了。

当时电影院和工人俱乐部的电灯，全都是我去安装的，他们就只是在配电瓶上装闸刀和熔丝。还有，在屋顶上装放电线，再把电线拉到县政府开大会的讲台上，也全是我一个人弄的，因为那个屋顶有十几公尺高，这些老师傅当然是不肯去的。

采访者：你们同时期进去的是 8 个人，另外几个人也做这些工作吗？

沈大法：他们几个人是线路工。他们一听到有电就很害怕，甚至有一个人连报到都没去，直接放弃这个工作了。其他几个人在工作的过程中，听说触电会死人，也都不肯做了，走掉了好几个。其实他们完全不用害怕，就装个电灯，怎么会触电呢？这也是因为当时电没有普及，他们都不懂电气，一听到电就害怕。那我为什么继续做呢？因为当时我有看过一本书叫《向雷锋同志学习》，雷锋精神是一不怕苦，二不怕死。在电厂工作呢，真要有这种雷锋精神的。后来，大家逐步认识到电是好的，照明、烧饭、烧水都可以用电。这样，工人们也渐渐不害怕电了，用电户也逐渐增多了。真正用电需求很大的时候，我们还得靠金山这个地方。

采访者：为什么呢？平湖和金山有什么联系吗？

沈大法：有的，金山是归上海市管辖的，上海市同平湖最初的来往关系是因为猪肉开始的。因为 20 世纪 60 年代的时候，上海的猪肉很少，就要到各地去买。平湖送去的猪肉最多，每天都送一到两船的猪肉，那时候没有轮船，用的是挂桨机船。所以上海市和我们平湖关系非常好，正好平湖缺电，我们电厂的几个领导就出主意，到上海去拉电，上海市政府的领导就答应了，但是他们忘记和金山电厂方面打招呼。当时，我就和我们厂的线路负责人钱华生，一起去金山了。结果金山电厂的领导说，他们不知道这件事。我说："在我们来之前，我们领导已经和上海政府方面电话联系过了。"后来那边的负责人确认之后，事情就解决了。双方达成共识之后，我想在金山过一夜再走，负责线路的钱师傅提前回平湖了。他说："我待在这里干什么呢？金山话一点都不会说，你以前在这里读书的，所以会说金山话。" 实际上我知道，他回去是因为家里孩子没人带。我问他："你主要是因为这个原因对不对？"他笑着不说话。他走了后，接下来与金山方面的合作，全都是我一个人负责联系的。后来我们在金山方面还成立了检修队呢，我担任负责人，算是一个副职。

采访者：您做学徒的时候还吃过什么苦？

沈大法：我当时算是学徒中最苦的一个。我是学校里分配过去的，而多数在线路上工作的同志，是1958年从当地农村调上来的，他们晚上下了班是要回家的。我有一辆公家发的自行车，家离得近的人走着回去，家离得远的人就向我借自行车骑回去。他们可以回家，我不能回家，但是我有自行车，他们却没有，其实那段时间，我们都很困难。

后来日子怎么变好的呢？当时在电厂里，只有我有一辆专用的公家自行车。后来我建议厂里再买两辆自行车，照顾一下晚上回家的人，让他们骑。当时的自行车是我在管，谁需要自行车就给谁骑。他们的工作全都做得很好的，当时的人都很老实，不管是在厂里工作还是去乡下施工，就算做得满头大汗，也不会叫苦的。

三　抢修工作忙，业余勤学习

采访者：当时的抢修工作都是您去的吗？

沈大法：是的。有一部分人刚进电厂的时候看到电就害怕，我就不怕。10千伏和35千伏线路的测量和施工，从安装到用电全都是我操作的，因为这些别人都不敢做。他们说我是有雷锋不怕苦不怕死的精神，我说："你们都错了，我不是因为有雷锋精神不怕，而是因为我有看《电世界》，我不是无知无识的，如何用电和安全用电书上都有。请你们也去看看书，书挂在阅览室，你们都没人看，那怎么行呢？"

后来下雨天大家都不出去的时候，就坐下来开开会，然后交流交流。

交流得多了，职工的技术水平也逐渐地提高了，但是文化程度低的人进步是很困难的。因为他们看不懂有关用电知识的书，我也有看不懂的，毕竟我的文化程度只到初中一年级。所以有些不懂的地方，要请教那些大学毕业或者中专毕业的人，不过这种情况不多，多数都看得懂。所以这本《电世界》，放在阅览室里没人看，只有我去看。当时大家都说我是最红的一个，就是这么红的，他们说："你最红，领导都叫你去做事，我们不懂也都来问你。"大家这么说是因为当时县长薛士明、县委副书记张安生都经常来我们单位，领导互相见见面，然后和我聊聊跟电有关的事。

采访者：有哪一次的抢修经历让您印象特别深刻的吗？

沈大法：其他职工不敢去做的工作，都是我去做。譬如说架电影院的电线，架电的地方相当高，需要两个扶梯接起来，四面用线扎起来，其他人一个都不敢上去，只有我去做。以前的老师傅呢，人很好的，就是胆子比较小，这些高的地方怕得很。1962 年的大台风，风大雨大，水泥杆倒了，全县断电啊，那怎么办呢？他们来问我，我说因为当初埋水泥杆的时候，打下去的泥全塌了，所以埋深不够。台风一来呢，全县都断电了。台风来的时候，我一开始在外面检修，淋了一身的雨，在擦的时候呢，书记就叫我："快点洗啊，快点，全县断电了。" 我说："断电也得洗……""不是这里面断电，是全县断电了啊！" 然后我出去一看，12 级的台风啊，当时我们避雷器买不起，就做了个挂吸避雷器放在水泥杆上，12 级台风一来，这个挂吸就偏掉了。那他们来叫我，我就爬上去了，他们说："你行不行啊？"我说："怎么不行啊？！你们放心吧！"我上去后喊话，下面的人都听不见了，因为那是十几米的水泥杆。上去之后，我要把东西松掉敲下来，再拆，很麻烦。当时我没有被绳子吊着，因为雨下得太大了。修好之后我们就叫嘉兴给我们送电，后来嘉兴送电成功了，停电危机也就解决了。接下来的几天我都在家休息，不知道广播里都在报道我冒着生命危险抢修的事情。

采访者：当时有一次你去乡下抢修架线的时候回不来，是睡在农民家里，有这件事吗？

沈大法：有的，那时候睡在农民家里的人很多的。当时我是一个人出去的，去勘探架电线的路线，别人都不知道路怎么走，只有我知道。因为我有一套万分之一地图，是当时农机水利局的局长蔡国勇给我的。这些图我全存放在房间里，保管得好好的。他们农机水利局就只有一个局长，下面没有手下。事情都是他一个人在做，他的工作能力很强的，所以说大家刚起步的时候都是很苦的。

采访者：能跟我们详细地说说那些地图是怎么回事吗？

沈大法：蔡国勇是国民党党员，当时这些地图全都在他手里，我要什么没什么。于是他说："那你拿一套去。"但是我只有一套地图还不够，因为我勘探的线路还要延伸到嘉兴去的，所以我说："嘉兴这个方向的图纸你也要给我的。"最后他就全给我了，并要求我保管好。我当时就把这些地图放在单位的抽屉里锁好。那套万分之一地图，大小地名全都有的，比如村名、湖名等。

采访者：您当学徒的时候，到农村老乡家去装电灯，当时的情况是吃住在他们家吗？

沈大法：不是。那个时候装电灯是次要的，我们的主要工作是放线、装变压器、架线。农村里架到户上的线多数是由农村电工自己架的，从一个机埠到另一个机埠的线则由我们供电局负责来架，因为全让我们架的话，时间来不及的。睡在当地村民家里的人比较多，回家睡的人也有，因为那些人的家也在当地农村。那时候我是睡过老乡家里的桌子的，因为我总是最后一个去睡，我的床位就被其他人抢了，我就只能睡在一个很小的方台上。结果在小方台上睡着睡着就掉地上了，然后就在地上接着睡。人家走出来的时候绊到我了，就叫我起来。后来我这个事情就当笑话传到大家的耳朵里了。有些人就说我对大家好，把床位让出来给其他人睡，自己都不睡。因为我是负责人嘛，这些都是我应该做的。

采访者：当时在乡下吃饭的问题怎么解决？

沈大法：吃饭我都是一个人出去吃，或者和轮船驾驶员，后来还和汽车驾驶员一起去吃。虽然乡里人都会招待我们吃饭，但是我拒绝的多，一般是自己付钱到食堂去吃。这是当时的行风啊，是上级的规定，不能在用户那里吃饭。后来实在没办法，我们没处吃饭，不吃又不行，所以就和用户内部商量，吃饭要把饭钱付清，如果他们不收就把钱放在桌上，这样他们来收拾碗筷的时候就不能不收了。那时候的人很老实，不会私藏的。所以我们那个时候的行风，特别是我管理的部门的行风都很好。还有，我们规定中午坚决不能喝酒，有时候在外面过夜的人，晚上稍微会喝一点。但是如果他们因为喝酒闯了祸，我还是要处分的。

虽然当初有书记也有经理，但他们全是外地人，而且一点都不懂业务，所以都是我来管理，做好人的是我、做坏人的也是我。比如说有些人今天没完成任务，奖金系数就会低；还有的人施工出了一些问题，也要扣奖金。有时候损坏了东西但情有可原，可以不赔钱只扣奖金。因为粗心损坏东西的就要赔款了，但即使是赔款，也只是稍微意思一下就可以了。所以我们平湖一直受到嘉兴局的表扬，为什么呢？第一，在电力这么紧张的情况下，我们依靠上海石化和金山方面的两条线，保证了平湖的用电；第二，我们的行业作风和纪律都是很好的。

后来，嘉兴方面的人来问我是怎么去做上海石化和金山方面的工作的，我说金山方面就是 1960 年或是 1961 年开始给我们供电的。后来上海石化供给我们的电多了，而且当初每度电是 6 分钱，他们卖给我们的内部价只要 4 分钱，一度电要比市场价便宜 2 分钱，那我们一年可以节省好多钱啊。

四 "上海电"的引入

采访者：石化电大概是什么时候进来的？

沈大法：可能是 1962 年吧，我也记不清了。石化电送电有一个原则的，不是石化总厂那里送的，是从石化总厂建在乍浦的一个油码头那里送过来的。造码头的事也是我一手经办的。我跟他们保证，如果他们在山湾里那个变电所的南面五十公尺的地方开始造，那么我免费提供施工用电，再给他们放个变压器，也不收钱。前提是他们造好了后埋油管的时候，35 千伏的线路要放大点，到时候我们在乍浦造个变电所，全塘造个变电所，电就由他们来供，钱我们照付。"好！"石化总厂的厂长叫刘伯超，一口答应说，"你只要保证石化有一个码头，能用来停油轮。"我说："你放心，我向县政府汇报，保证签上字，保证你的码头上可以停靠几只像兵舰那么大的油轮。"因为是和总厂厂长直接谈的，所以当场就拍板定案了，后来我们两个人关系一直很要好。

采访者：三年困难时期您饿过肚子吗？

沈大法：那也是有的。不过我这个饿不是没饭吃才肚子饿，而是因为我所在的施工地离吃饭的食堂相当远，有两到四里路，来回很不方便，我就不去吃了，是因为没空吃饭才饿肚子。如果附近有商店，就直接到商店里买点东西当饭吃。

采访者：那三年中这边有过自然灾害吗？自然灾害来的时候这里用电正常吗？

沈大法：自然灾害有的，而且相当多。比如大大小小的台风是年年有的。1961 年的时候，有些地方没有用电的机埠，有时候采用的是轮流供电，停电的情况也是有的。后来有些人来找我反映，我对他们说："你们可以备一只挂桨船，电不够的时候可以补充一下，上头限电我也没办法的。"而且他们的问题不大，基本很少停电的。有些县里的地方，像嘉善，停电的话全县 1/3 的地方都要停，我们有上海方面供的电，很少停电。

采访者：金山到吕巷的高压线建成了，平湖就不缺电了吗？

沈大法：不是不缺，缺电有多种原因。大面积停电算是缺电，个别用户缺电呢，有些是他们不装设备引起的，有些是我们做得不周到，可能别的地方弄好了，这个地方没弄好。后来上海金山的电一供过来呢，我们给大家的答复是基本上做到不停电。还有些小用户啊、小单位啊，到问题也不跟我们联系，那就什么问题也解决不了，后来说我们报复，不给送电，像这种举报信、举报电话是有的，不过很少。那我们要做的，第一是整顿行业作风；第二要解决用电问题，只要是正常生产、正常上缴电费、有营业执照的用户，我们都能保证供电。当时记者采访的时候我就是这么答复的，再在广播里一播，就没人举报了。

五　想方设法解决农村安全用电问题

采访者：我们还想了解一下农村安全用电的问题，就是特殊时期经常有人触电死亡的事情，当时的情况怎么样？

沈大法：嗯，有的。当时一年要死好几个人，为什么呢？有个关键原因是，农村干部根本不关心安全用电的问题，有些人甚至都不懂。为了解决这个问题，他们公社领导开会的时候，我出席了一下，专门谈这个问题。后来我们决定要硬查硬抓，如果用户没有装漏电保护器，我们就会强制要求他装一个，触电保护器需要 14 元，我们补贴 6 元，剩余 8元自己负责。这对按照我们要求做的村子是有用的，那些不按照要求做的村子还是会发生用电事故，甚至会有人触电死亡。

当时就有一个女人因为用电事故死掉了。她是死了一个月后，我才知道这个消息的，我当时很费解怎么又死了一个人？那时候有个扶行大队，我就去那里了解情况。原来那个女人的房子是新造的，是三楼三底的结构，造好以后，没有装漏电保护器。村里人分析了她的死亡过程，告诉我说是在使用电熨斗的过程中，电熨斗漏电了。当时她应该是被电倒了，正好熨斗落在她心脏的位置，因为她是一个人在家，没人发觉，失去抢救的机会就死掉了。这个事情发生后，大家就都安装了漏电保护器，从那以后县里就没有因为触电再死过人了。在动员大家安装保护器的过程中，我们是花了一笔钱的，这笔钱不是供电局出的，是三电办出的，因为我们想为农村办点好事。这样安全用电的事就解决了，后来平湖再也没有人因为触电死亡了。

采访者：除了安装漏电保护器以外，是不是还搞了一些安全培训？

沈大法：对，培训是由管农电的副局长负责的，这个不是我负责的。因为培训的对象有很多，还包括村电工。当时村电工就在各自公社办的学习班上课，供电局负责指导他们安全用电。

采访者：听说当时还专门拍了一个电影，就是讲安全用电的，在各个村里放，这个您知道吗？

沈大法：这个我倒是不知道。不过听你这么讲，我猜测可能是当时记者去乡下采访的，然后其他电台也去采访了，之后就把采访的内容剪辑出来，编成一部影片。这件事当时我听说过的，但是没有参与，这事是我们这边的一个副局长分管的。

采访者：那么后来乡镇企业逐渐发展起来了，用电量大了，用电和供电的矛盾是怎么解决的呢？

沈大法：有些地方是真实存在这种矛盾的，也有些地方是虚假矛盾。当时农村户上的用电和乡镇企业用电，是两回事。那个时候用电紧张的原因是有些乡镇企业会超额用电。比如他保证的用电功率是 15 千瓦，结果他用了 30 千瓦，这样的话整个电线电路表全都不配了，甚至有些企业手续都办不齐。

还有一个原因是我们电厂的问题，比如变压器太少了、线路太小了、电压太低了等。当时开会的时候，我还批评过我们的员工："你们找问题只找客观原因，不找主观原因，你们应该要先去调查一下，查清楚情况是否属实，再来做书面汇报，口头汇报是不算数的。"后来他们都吸取教训了，这些矛盾就逐渐解决了。当时有一种解决用电紧张的方法是拉电，拉电一般都放在晚上拉，白天是不能安排的。所以在电力十分紧张的情况下，限电、停电的情况都有。但是这种情况在我们平湖是最少的。因为上海电、石化电、嘉兴电送过来后，我们就已经做到基本不停电了，甚至可以说已经能在很大程度上满足用电了。

六　平湖首座 110 千伏变电所的建设情况

采访者：你们要建这个 110 千伏变电所，背景是什么？

沈大法：周家圩有一个变电所，平湖有一个变电所，上海电是先送到平湖的变电所。后来我接手之后呢，把木杆线路改造成水泥杆线路，质量就变好了，上海电就改送到了周家圩。为什么是周家圩？因为上海送给周家圩的电是做备月电源的，做什么都可以，这样两面用电的矛盾都解决了。但是当初建平湖变电所的时候相当困难，因为没有水泥。要想解决用电困难，建平湖变电所是必要的，每个县都是这样子的，电量如果只有 35 千伏是不够供电的，全都要升到 110 千伏。升到 110 千伏的话，线路粗了，送电量就多了，这是一个优点；再有一个优点是安全系数变高了，因为 110 千伏线路质量更好。然后 110 千伏的电送过来，主要是先送到平湖变电所。后来平湖变电所进行 110 千伏建设的时候，我因为关心基建，基本上每天要去工地巡视两趟。但是平湖变电所的建设速度很慢，而且夏天缺电非常严重，我得赶紧解决这个问题。这时候平湖变电所又遇到困难了，整个平湖都缺钢材和水泥。工程规定要使用 500 号水泥❶，那时候平湖只有 400 号水泥，而且钢材也不够。

这个时候怎么办呢？我就去县里、计经委这些地方请他们调拨，但是都没有办法。最后钢材、水泥都是靠一个平湖人解决的，因为他在湖州是有关系的。他帮我们解决了问题，那我们也会帮他，他厂里的施工用电还有变压器我们都不收钱的，因为他解决了我们的当务之急啊，平湖变电所 110 千伏基建的速度也因此加快了。平湖供电紧张的问题，如果没有一个 110 千伏变电所是解决不了的。解决平湖变电所的问题之后，110 千伏电可以送到周家圩，也可以送到其他地方，总之所有线路全都是平湖变送的。所以那个时候，平湖的供电形势相当好。其他县里还有很多的困难，譬如造变电所的经费不够，平湖因为经济比较好，变电所就造起来了。

采访者：建造这个变电所一共花了多少钱呢？

沈大法：具体多少钱，我有点记不太清了，不过肯定超过 40 万元。不是我说大话，嘉兴最富有的地区就是我们平湖地区。为什么呢？因为我们主要靠石化电供电，石化电没有并入华东电网，是直接供给我们平湖的，一度电能便宜 2 分钱，节省下来的钱就积少成多了，所以说凭我们平湖的经济条件建造变电所就比较容易。

采访者：建这个变电所的时候，您经常到现场去吗？

沈大法：建 110 千伏变电所的时候，我每天只要有空就会去，上午去一次，下午也要去一次。如果在下面农村跑，没有空的话我就没办法去了。我去的话，主要是检查质量，因为有些县里的领导是不懂怎么检查质量的。譬如说，造变电所用的水泥，必须要用 500 号水泥，那我就一定要确认是不是 500 号，因为 400 号的水泥是不能用的。变电所是我

❶ 500 号水泥是传统的混凝土标号。目前新标准统一规划了水泥强度等级，500 号水泥的新标号为 32.5 或 32.5 尺（早强型）。

们国家和社会的百年大计，家里的房子可以坏掉，变电所是绝不能坏的。

后来发生了一个问题，就是我发现工程的负责人偷水泥。当时我骑着自行车过去巡视，一看，怎么有一辆拖车拖到后面去了？我马上跑过去看，看到有一只水泥船停在那里，这个施工负责人正在把水泥装上船。被我发现后，他当场就跪下来求我了，我说："不行，你怎么可能只今天偷了一次，之前偷过多少次了？"他说之前还装过一船，后来有人举报他，说不止一船，他还拿拖车运过一车水泥。我当时就宣布停工了，他又跪下来，说不要停。这人还有一个错误是什么呢？本来每个房子在浇水泥的时候，都是浇一块压一块的，这样能看出水泥合格不合格。但是他不是这样的，而是预先浇了一批十几块的！我发现后说："把这些水泥都给我扔河里去，谁要啊？！"因为变电所是百年大计，绝不能因为质量问题，导致停电的，别人家住的房子可以停电、修修，但是变电所不能修的。总之，这些有问题的监工一定要看住，建造用的水泥一定要用500号的水泥。另外，水泥、河沙、石子的比例一定要正确。

采访者：平湖变电所是哪个单位设计的呢？

沈大法：是嘉兴电力局委托设计的，由他们指定人员去设计，我们倒也不插手这些事情。设计好后，嘉兴电力局首先要审的，不是质量，而是变电所里面放的变压器。因为这些10千伏变压器、35千伏变压器，全都有距离关系啊，和质量有关的距离关系都是他们定的。设计图定下来以后，不是说万事大吉了，省里面有时候也要来抽查、审查的，看看设计得是否适当，抽查的时候我们也要在场的。我们这个工程，嘉兴方面的设计没有问题，但是其他地方是有问题的，譬如偷工减料这样的人为原因引起的施工质量问题。偷工减料的人不懂变电所是百年大计，平时是不能检修的，所以对质量的要求很高。他们觉得把质量做这么高有什么用啊？所以整个建筑队就偷工减料了。自从被我发现一次之后，我就跟他们说明了，后来叫他们停工，那么他们就知道错了。所以我每天都要去巡视两次，负责具体经办的朱寿观也经常去看，一是看水泥标号，二是看材料，比如用的河沙干不干净。

采访者：在 20 世纪 80 年代初，你们这里公路交通还不完善的情况下，建造变电所的设备是通过船运过来的吗？

沈大法：有些是的，比如说周家圩，因为当初周家圩是没有公路的，只能通过船只运输过来。那时候我们也没有吊车，就搭两个双木杆，用神仙葫芦把设备从船上吊到岸上去。我参与了周家圩变电所的选址，因为那边不通公路，我就坚持必须要把建造地址选在大河旁边，这样就可以通过木杆把东西拉上来。而平湖变电所的材料都是通过汽车运过来的。

采访者：整个工程花了好几个月，这个过程中有没有发生事故？

沈大法：没有，变电所在施工的过程中是没有事故的。因为我们一直有派监工巡视的，而且我每天都要问监工："今天做了什么？做得怎么样？质量怎么样？"我经常这么督促他们。有时候有空了，我就开汽艇过去看看，也是去查岗，看看这些工人做得是否合格。

采访者：那在工地上有没有设立一个岗位，专门监督材料的？

沈大法：一个工地除了施工的人员，还要另外派两个人监督，每个工地都有这样两个人。如果有一个人不在工地的话，还有另一个人在。譬如说副监工是负责管理材料的，正监工是负责与外界联系的，施工领导小组就是这样组合的。平湖变电所一直都是派两个人去的，一个是朱寿观，再派一个物资组或者其他组的人。

采访者：变电所在建设的过程当中，是日夜不停地干，还是说只是白天在干？

沈大法：就是白天干，晚上不干的。晚上不干是什么原因呢？是因为看不清楚，当初农村用电灯都是很困难的，周家圩当时的变电所是 35 千伏，基本上是没有什么电的。

采访者：变电所建成以后对你们这里的用电有什么改善？

沈大法：哦，是这样的。一般有低电压的时候，施工队就要去测量的。判断电压是不是正常的方法，一个是在变电所看电表，还有一个是别人都不知道的，就是看每条 10 千伏线路的末端电压。譬如说最后一条线路是到新仓的，我们就到新仓去测量电压。当时我布置人员下去测量电压，测完了再来汇报。如果电压低，就要找到原因，到底是线路引起的，还是变压器引起的。所以供电局的领导呢，光会做行政也不行，还必须会管电。110 千伏变电所造好之后呢，解决了末端电压较低的问题，电压变正常了。还有一个好处是，原来限电，现在不限了，对于用户来说，停电的情况也减少了。

七　担任主要领导期间的几项重要工作

采访者：在二十世纪七八十年代的时候，咱们这边工人的工作环境比较艰苦，一般要到乡下去的时候，除了您自己的经历之外，您还听说过别人的什么经历吗？

沈大法：在乡下施工的主要困难就是没有烧饭的地方，这是一个关键问题。

还有一个就是睡觉的问题，当时我还听说有一个人睡过猪圈。不过那是改造过的猪圈，真的猪圈怎么去睡啊？！那个地方原来是大队里做猪圈的，后来大队里的猪不睡了嘛，就把墙壁粉刷一下、地皮浇一下就住人了，所以大家说住那里的人是睡在猪圈里。在平湖农村，村民家的房间或者厨房间，中间会有一块地方是空的，而且空间很大，是用来摇纱、放棉花或者吃饭的。有些地方大队知道我们供电部门做 10 千伏线路，是要解决供电问题的。所以这些农村里觉悟高的人比较多，他们都会帮助我们的，包括帮我们解决吃住的问题。

采访者：工人下一次农村，最少是不是要一个月才能回趟家？

沈大法：这要看工程量。比如说一条 10 千伏的线路，你负责的这条线路建设好了，还要再回到平湖，因为平湖还有分支线要负责，分支线下面还要装变压器。所以包括分支线在内，建设一条线路通常都要一个多月。

采访者：1984 年的时候，浙江省开始推行集资办电，集资办电在你们这边体现得怎么样？

沈大法：嗯，集资办电一般是在嘉兴地区，我们地区参加的量最少，为什么呢？第一，金山方面会供电给我们平湖地区，第二，石化电会供给乍浦变、全塘变两个变电所。我们也买了一部分集资办电用电权，再加上买来的电，平湖基本上就不缺电了。

采访者：从 1988 年到 2000 年这 12 年，就是您当局长这个阶段，平湖这里消灭了无电户，这个过程是一个什么样的过程？沈大法：当初消灭无电户，我们是当作一件大事情来办的，因为我们电力部一直说要为人民服务。不过无电户也是有的，譬如说我查到徐埭这个地方，下面人跟我汇报得很好，说所有地区全都有电，但实际上有这么一个区，四周全是河，那里的人家家里全部是没有电的，所以那边的站长就被我撤职了。我对他说："你在做什么？为什么汇报上来的全部都是有电的？！"后来他们就马上去解决徐埭那块无电区的问题。所以要说当时全县绝对没有无电户，是不可能的。

我再举个例子。以前邮电局北面有一条杨家弄，那里的居委会主任打电话给我，向我提出一个请求，他说他们那里发现一个贫困户，家里没有电，希望我解决一下。我说："我马上过来。"然后就马上骑着自行车过去了。去了和居委会的人一谈，知道那一户的老奶奶是单身，居民主任猜想老人的儿子、女儿大概都在国外工作，只是她自己不肯说出来。那我说："这样好了，我们先解决老人家的问题，先给她装两个电灯，再装个电表，电费暂时不用付，以后再商量。"然后就给她装了电灯和电表，一两年后，居委会主任又打电话给我，说这个老人家在大家都不知道的情况下搬走了。后来才知道，她在国外工作的女儿、儿子都很孝顺的，中国和其他国家的关系变友好了，她就放心地到外国去了。

消灭无电户的事情，由居委会来商量怎么办。因为当初我们电力部门商量后决定，先解决平湖城关的无电问题，再解决农村的无电问题。当初我们是响应毛主席"为人民服务"的口号来解决这些问题的。后来我们的做法受到了嘉兴电力局的表扬，他们说你们把为用户服务、为人民服务的指令全都做到了。

采访者：平湖农村的最后一个无电户是什么时候消灭的？这个还记得吗？

沈大法：完全解决无电户这么绝对的话，没有一个人敢说的，为什么？因为我们那时候去农村，会在每个村里建一个农电站，是由平湖供电局下属的总站管理的。但是管得不严格，偷电的事情也有发生过，触电死人的事情也有过。所以我规定每个用户必须要安装触电保护器，不装触电保护器，就不给供电，这就要求有关部门一定要好好检查是不是每个用户都装保护器了。我们的原则就是：第一，用电要安全，第二，全县农民都要有电用。我们只能尽自己最大的努力消灭无电户，但是这个过程是很漫长的，也是很艰难的。

采访者：当初"两改一同价"在平湖推广的事情，您还记得吗？

沈大法：记得，"两改一同价"嘛，当初有平价电和议价电两种。就譬如说，一个规定只能用一万度电的企业，那这一万度电的电费按平价电的价格收，额外超出的电量按加价电的价格收。不过我们平湖基本不用这么做，因为平湖有买电权的，供电量很多，还有一个原因是，石化电和金山电是没有议价电（加价电）的。同时，我们也不会向用户多收费的，还有乡镇领导、县里领导也和我们商量，那些比较困难的企业，希望我们能帮助一下。我说："可以的，我不赚钱，但是也不能亏本。"县里的领导也很理解我，他们说："你们能做到这样就已经在办好事了。"所以遇到困难的企业，我们也会减一点他们的电费。

采访者："两改一同价"最后是怎么实现的呢？

沈大法："两改一同价"这句话，当初还有很多人不理解。各个供电局情况不同。为什么不同？有些地方的供电局甚至会自己造个小的发电站来发电。我们平湖没有建，因为我们有金山电、石化电。如果个别用户需要自己另外发电的必须要经过我们的批准，因为我们要解决安全问题。家里有双头闸刀的，手续办好的，可以自己发电；手续没办好，被查到违规发电的，那由我们供电局供的电都要被停掉，因为违规发电存在很多不安全的因素。

就平湖而言，如果我们供电局不赢利的话，平价电和议价电能保持平衡。其他乡镇在电价上有的吃亏，也有的不吃亏，这是电量分配的问题。

比如说，有些乡镇发展得慢，规定用电量少，议价电就用得多了，肯定是吃亏的；有些乡镇发展得快，规定供给它的电就多，如果之后发展的速度变慢了，用电量没有超出额度，那他用的还是平价电，如果发展速度加快，用电量增加，就要加议价电了。议价电用得多的话，价格也会升上去。譬如说，原来卖给他们一角钱一度电，如果用电量超出额度了，超出的电就卖一角二分钱一度。

采访者：在1987年的时候，王川观被评上电力部优秀乡村电工，想问一下为什么能获得这个奖？

沈大法：王川观这人我是知道的，他是南桥人。他工作很负责，并且以身作则，在他的管理下没有发生过触电事故，线路质量也做得好。还有，他治下有方。偶尔有人会偷电，也有人会和电厂里的人相互勾结，在电厂的电表上做手脚，把三相线的中间部分抽掉。我为什么会这么说呢？因为我就发现过一次，是在曹桥公社。当时我乘车到九里亭这个地方，那边一个在厂里搞机修的人就守在公路旁边，看见我来了，立马往回跑。我一去他就跑，好几次都这样。后来我从胜利公社绕过去，悄悄到那个厂里去了。他没看到我，结果就被我发现在偷电。我当场就叫农电站的人把他的电停掉，农电站碍于情面不肯停。我就马上派工段的人来停，把变压器也停掉了。然后他们村大队里的人来求情了，说不要罚款了，就补款，把款补上后我们就没有再罚款了。

采访者：平时如果发现有偷电现象，会有处罚吗？

沈大法：偷电的人当然要处罚，而且有可能要吃官司的。我们在新庙这个地方就发现有人偷电。当时我们去检查一只三相表的安全问题，不是检查偷电，我一看，这个供电箱里的一个三相电表怎么有一个这么大的洞？这是不可能的事情。后来偷电的人马上就被我抓到了，他厂里的电也被停掉了。

八　工作期间和领导、同事的交集

采访者：我们回忆几个人，您想想在您工作过程中，接触的老领导啊、老同事啊，印象深刻的。嘉兴电力局的叶局长您熟吧？他是个什么样的人？

沈大法：熟的，他是嘉兴电力局的局长，大家对他的评价都是可以的。当然我们的评价都是在背后讲的，不是当面讲的。他是可以的，因为他能做到实事求是。别人都说他和我最要好，我问为什么？那人说，他检查工作的时候，我们平湖的工作总是做得比其他地方好，所以他会在大会上表扬我，大家就觉得我们俩关系比较好。

采访者：您跟他私人接触多吗？

沈大法：像去他家里吃饭这样的私人接触是没有的，我们只有在公事上会接触。他老婆也是供电局的，叫汤燕敏，负责管理用电的电量、线损等。我们通常是通过电话联系的，没有见面。譬如说我们平湖有情况了，电表不准，他们就正式派人来我们这边调查。还有一次，我们电度表的一相电断掉了，没有电度表了，她就把电退还给我们，像这样的事情都是她办的。

采访者：张安生书记，他对你们工作有什么支持吗？

沈大法：张安生是平湖的。这个领导，当时从外面调来还不到一个月的时候，我正在城北施工，坐着挂桨机船，他看到了就问别人，驾驶员旁边的那个人是谁？那人就说是供电局里面的领导。后来我们就认识了，不过我和他的私人接触也不多。

采访者：张安生和副市长薛士明，有没有具体的一些支持你们工作的事情？

沈大法：只要我们这里有问题，就会跟他们反映，他能帮我们解决最好，解决不了的话会帮我们跟其他领导一起商量，然后再打电话给我反馈，大部分的问题都是通过这样的渠道解决的。他们对我很热情的，因为有些领导是外面调过来的，和我们都不认识。而且大部分领导是做行政工作，不懂电力工作，我是懂电的，所以他们跟我比较熟。薛士明和张安生一样，也很老实，他的气量很大，跟他开玩笑也没关系。跟张安生一样，他工作很认真，从来不糊弄别人，也不会瞎批评别人，在会上发言都是认认真真的，很能抓重点。所以在县里面，他们两个人的威信很高。

采访者：有个叫张其根的工人您还记得吗？他有什么事迹吗？

沈大法：张其根后来当了乍浦的工段长。他的大事迹我也记不清了，但我记得他工作认真得很，布置给他的任务都做得很好，不会有工作没做好就下班的情况，他负责的现场抢修工作总是做得很好。他原来也是线路工，后来到乍浦做了副工段长，因为正的工段长要求必须是共产党

风雨中的为民初心

员，他不是党员，所以只能当副的。不过正的工段长也好，正的局长也好，只要不懂业务就是靠边站的，工作全都是由他安排的，他是负责生产工作的。

采访者：您当领导的时候，也要搞一些三产，解决就业问题？

沈大法：嗯，三产的具体工作不是我抓的，但资金是我来安排的。另外，职工想要增加收入主要是靠星期天加班加点工作，这和县里的国有资产、私人小资产不矛盾的。如果他们的工作质量做得好，也可以给他们点奖金，因为外面不熟悉这个工作的职工做出来的质量是不行的。所以后来我们和嘉兴电力局讲这件事，嘉兴电力局说你们单位这么做倒好，我们委托集体单位去做这些工作，他们根本做不好的，因为他们会偷工减料。

采访者：圣雷克酒店一开始是你们的三产吗？当时是准备作为一种投资，还是说准备要办一个自己的企业？

沈大法：圣雷克酒店是我经手办的。当时职工投入的资金好像不多，具体多少我忘了，都过去多少年了。后来酒店被卖掉了，当时我已经退休了，也不再参与酒店的相关事务，卖了多少钱也不知道。

采访者：您结合自己的人生经历，给年轻人提一些建议？比如应该怎么样过这一辈子？

沈大法：年轻人不管是个人的事情，还是工作单位上的事情，都要做好。还有家庭关系也要搞好，譬如说你的工资收入情况，一定要跟家里人沟通好。当时有些职工反映供电局收入不高，不能孝敬爸妈，也不能给老婆，当然这是个别情况。我知道后，也找他们谈过，尽量帮助他们。那局里收入高的职工，回去跟家里人一说收入很高，家里人开心，他们回来后也很开心。所以我自己感觉，在提高职工积极性的问题上，我做得挺好的，比别的工作单位要好。因为有些工作单位，工作的辛苦虽然能评上先进，但是一点经济上的好处都没有，我们这里是有经济上的好处的。

采访者：在没退休以前当领导的时候，比如新的一年进来新的员工了，分到你们这里的年轻人，您会跟他们讲讲话吗？

沈大法：碰到新员工是要谈谈的，不过就是跟他们谈生产，不谈政治。我主要跟他们谈三点：一是为人民服务；二是为企业出力；三是工作要安全。这是电力部门最关键的事情，就这么三点。

采访者：好，谢谢您，咱们今天就讲到这里。

沈大法：好的。